自动售检票系统维护

主　编　陈建萍
副主编　董　亮
主　审　杨　珂

重庆大学出版社

内容提要

本书以城市轨道交通行业（企业）内部机电设备维修人员的应知应会为载体，参照国家及轨道行业相关职业标准要求，从城市轨道交通自动售检票系统（AFC）的概况组成到熟练检修维护及典型故障处理进行详细讲述，从而使读者能够学习城市轨道交通自动售检票系统（AFC）各设备的维护技能。内容涉及AFC系统基础知识、正线各类终端设备、中央系统的功用原理及组成，AFC系统常见故障的处理、与其他系统的技术接口知识及新技术在AFC系统中的应用等，较为详尽地介绍了AFC检修工岗位人员应具备的知识与技能。

本教材可作为轨道交通AFC检修工岗位指导教材，也可供希望进入城市轨道交通系统工作的在校学生参考使用。

图书在版编目（CIP）数据

自动售检票系统维护／陈建萍主编. -- 重庆：重庆大学出版社，2021.8
ISBN 978-7-5689-2554-9

Ⅰ.①自… Ⅱ.①陈… Ⅲ.①城市铁路—旅客运输—售票—铁路自动化系统②城市铁路—旅客运输—检票机—铁路自动化系统 Ⅳ.①U293.22

中国版本图书馆CIP数据核字（2021）第137422号

自动售检票系统维护

主　编　陈建萍
副主编　董　亮
主　审　杨　珂
策划编辑　周　立
特约编辑　龙　亮
责任编辑：陈　力　　版式设计：周　立
责任校对：谢　芳　　责任印制：张　策

*

重庆大学出版社出版发行
出版人：饶帮华
社址：重庆市沙坪坝区大学城西路21号
邮编：401331
电话：（023）88617190　88617185（中小学）
传真：（023）88617186　88617166
网址：http://www.cqup.com.cn
邮箱：fxk@cqup.com.cn（营销中心）
全国新华书店经销
重庆俊蒲印务有限公司印刷

*

开本：787mm×1092mm　1/16　印张：11.5　字数：268千
2021年8月第1版　　2021年8月第1次印刷
印数：1—3 000
ISBN 978-7-5689-2554-9　定价：49.00元

编审委员会 （排名不分先后）

随着城市轨道交通行业的快速发展,对解决城市交通拥堵,改善市民出行条件,促进节能减排,推动城市经济协调发展具有非常重要且长远的意义。因此,城市轨道交通设备运维质量显得尤为重要,对运维人员理论与技能水平提出了更高的要求。

自动售检票系统(Automatic Fare Collection System,AFC)作为城市轨道交通系统对外服务的窗口,扮演着"售票员""检票员""统计员""审计员"等角色。该系统以票卡(包括二维码等虚拟票卡)作为介质,集计算机、通信、网络、自动控制等技术于一体,支撑城市轨道交通售票、检票、计费、收费、统计、清分等业务环节,最终实现了完整的自动化售检票功能。相比传统方式,自动售检票系统具有提升服务效率,缩减人员成本,降低资金差错等优点,同时也给乘客售检票带来便利和优越的用户体验。

本书针对自动售检票系统运维工作从业人员的工作特点,对终端设备、车站及线路中央计算机系统、清分系统原理和功能进行阐述,重点对各层级系统运营维护和故障处理方法予以详解。希望能让读者对自动售检票系统维护工作有全面认知。本书由西安市轨道交通集团有限公司运营分公司的专业工程师参与编写,主要参编人员有西安地铁陈建萍、董亮。陈建萍担任主编,董亮担任副主编,杨珂担任主审。陈建萍负责本书第一部分和第三部分内容的编写,董亮负责本书第二部分内容的编写。由于编者经验和水平有限,书中难免存在疏漏之处,敬请广大读者批评指正并提出宝贵意见。

编　者
2021 年 3 月

MULU 目录

第一部分　基础知识

第二部分　正线知识

第三部分　中央知识

第一部分　基础知识

项目一　自动售检票系统基本介绍

任务 1.1　自动售检票系统发展简介

1.1.1　自动售检票系统发展历程及现状

自动售检票系统,简称 AFC,实现了轨道交通售票、检票、计费、收费、统计、清分、管理等全过程的自动处理。该系统通常包括自动控制、计算机网络通信、现金自动识别、微电子计算、机电一体化、嵌入式系统和大型数据库管理等高新技术运用。自动售检票系统的便捷和准确性大大优于传统的纸票售票方式,它可以克服人工售检票模式中固有的速度慢、财务漏洞多、出错率高、劳动强度大等缺点,防止假票,杜绝人情票,防止人为差错,同时提高管理水平,减轻劳动强度,不仅是轨道交通系统自动售检票发展的一个趋势,也是城市信息化建设的一个重要体现。

自动售检票系统是国际化大城市轨道交通运行中普遍应用的现代化联网收费系统。随着自动售检票系统的启用,乘客现在可以通过站厅自动售票机购买电子票,通过自动检票机刷卡实现进/出站。目前北京、上海、广州、深圳、南京、西安等大城市的轨道交通地铁站都广泛使用了自动售检票系统作为重要客运管理应用,同时该系统也可适用于更多的场合,包括影院、体育馆、歌剧院、火车站、机场等。

几十年来,我国轨道交通自动售检票事业从无到有,从小到大,经历了启蒙、实践、调整三个阶段。

(1)启蒙阶段

20 世纪 80 年代末,上海地铁凭借在国外收集到的资料,艰难地开始了自动售检票系统和设备的研制,当时城轨交通自动售检票系统概念在中国还是一片空白。在 20 世纪 90 年代初,在广州地铁 1 号线可行性研究报告中,票务收费方式是人工还是自动仍是一个重要章节。在这个阶段,对自动售检票系统的功能设置是以学习国外成功的系统经验为主。在此期间,中国香港地区的地铁把其宝贵的建设和运营经验传授给内地;同时,国外著名系统供应商也通过产品和系统介绍,将其城轨交通自动售检票系统的技术和经验推荐给了我国。这些都为广州地铁和上海地铁自动售检票系统在建设之初就拥有基本完善的功能奠定了基础。我国城轨交通首个自动售检票系统供货合同签订正值 20 世纪 90 年代中期,此时的磁卡自动售检票系统技术已相当成熟,而 IC 卡技术在交通收费方面的应用研究才刚刚起步,巴黎地铁和我国香港地铁正考虑将非接触 IC 卡应用到轨道交通及公交收费,我国对公交 IC 卡应用的研究还只处于接触式 IC 卡水平。由于当时 IC 卡成本高昂,所以在磁卡、IC 卡、条形码等多种媒介中,倾向于选择磁卡。

(2)实践阶段

从 1998 年底开始,自动售检票系统在中国内地的城市轨道交通中投入使用,逐步展现出良好的票务管理水平和高效的客流处理能力,使地铁公司票务收益管理实现了以最少的人力物力,实现高效率低成本的运作,自动售检票系统所发挥的作用令设计者、建设者和乘客接受了它。在这个阶段,国内的轨道交通自动售检票系统用户通过使用和摸索,在掌握原系统功能的同时,整理归纳出适用于轨道交通票务管理需要的新功能,使自动售检票系统的功能更为完善。经过几年的实践,可以从以下几方面看到轨道交通自动售检票系统的优越性。

①准确的客流及票务统计分析数据:为运营调控、市场营销、新线建设提供了科学的决策依据,也为提高服务质量和信息处理能力创造了条件。

②高效的自动售检票设备:使车站客流井然有序、快速通过,减少了逃票情况的发生,保障了地铁公司的票务收益。

③自动售检票系统:自动售检票系统的便捷和准确性大大优于传统的纸票售票方式,可大幅减少现金交易、人工记账及统计工作,人员可精简,准确率和效率较高。可以克服人工售检票模式中固有的速度慢、财务漏洞多、出错率高、劳动强度大等缺点,可防止假票及工作人员作弊,提高管理水平,减轻劳动强度。

④维修管理系统:使维修资源、数据得以较好的利用,并达到快速反应、快速修复的效果。

(3)调整阶段

在短短几年内,IC 卡技术在轨道交通自动售检票系统的应用由研究摸索迅速发展到大规模的实际应用。非接触式 IC 卡以其储存量较大、保密性较强、可实现一卡多用等特性,逐步取代了磁卡的地位,如今已成为各城市轨道交通收费系统的首选票质媒介。非接触式 IC 卡技术在轨道交通自动售检票系统的大规模应用,猛烈冲击着以磁卡为车票媒介的已有自动售检票系统,同时也推动新建线路的自动售检票系统在功能上扩展和性能上提高,使系统结构更为简单、高效,成本有效降低。

(4)现状

现在全国新建的轨道交通自动售检票系统都选用了非接触式 IC 卡技术,具有很高的信息处理能力和更高的安全性,系统设备更为简化,卡票现象大为减少,机械维修和调整维修的工作量也相应减少;同时,也为乘客带来更大的方便,乘客不需从提包中取出车票也能方便地检票通过。IC 卡技术的应用使公交行业联营成为发展趋势,为广大乘客带来更大便利。目前,上海"一卡通"系统已拓展到多个城市的交通领域,如上海在公交、地铁、出租车、轮渡、停车场及轻轨交通中采用一卡通,北京、大连、西安也实现了公交、地铁的一卡通。

1.1.2　自动售检票系统发展方向

随着城市轨道交通建设的快速发展,专业技术的进步以及多种公共交通优惠政策的灵活组合,城市轨道交通自动售检票系统发展的总趋势是:标准化、简单化、集成化和智能化。

(1)标准化

为实现轨道交通自动售检票系统的简捷和大集成,必须制定标准和规范,统一系统和终端设备,实现系统内的统一车票媒介,方便不同线路之间的换乘。

(2)简单化

为适应快节奏的社会生活,乘客要求的公共交通工具应具有操作简单、出行高效的特点,也必然是轨道交通自动售检票系统的发展方向。将复杂的自动售检票系统通过系统集成,简化乘客的使用操作;通过人性化设计,提高乘客的售检票效率。

(3)集成化

随着轨道交通运营网络的拓展,城市轨道交通的售检票系统的规模也越来越大,同时轨道交通与其他交通方式之间的关系也越来越密切,相互兼容、联乘优惠、跨系统阶段等政策的推出,必然使各种城市公共交通系统间的关联度越来越高。建立统一、高效、准确、跨平台、跨系统的城市售检票系统应用平台是必然的。

采用标准件、通用件和通信数据的迅速交换等技术手段,建立可靠、安全、易用、可扩展、互联性高的系统架构,既是构建高品质售检票系统的基本要求,也是城市自动售检票系统的必然趋势。在实施过程中,必须注意针对售检票系统数据结构的特点和系统对安全性的要求,加强系统的集成管理,以满足售检票系统规模逐步扩大和关联度日渐提高的要求。

(4)智能化

智能化是自动售检票系统近几年来的最新发展趋势。自动售检票系统第五层(清分系统层)的建立除了满足日常的结算业务外,更重要的是使体系内所汇集的各类票务数据能够有效整合,利用 AI 技术将城市轨道交通企业中现有的数据进行转化,帮助企业各业务部门做出明智的业务经营决策。

随着 AI 技术的不断发展与成熟,其在自动售检票系统各层的应用将会不断地延伸,使自动售检票系统不但具有高度的自动化,而且具有高度的智能化。这将大大地缓解自动售检票系统对各专业领域、各层级人才的需求压力。

任务 1.2　自动售检票系统架构介绍

自动售检票系统作为城市轨道交通向公众提供服务的窗口,是城市轨道交通系统运

营服务的核心子系统。现阶段,自动售检票系统一般具有五层架构:

第一层车票(TICKET)层——车票是乘客所持的车费支付媒介,规定了储值卡和单程票两种类型的物理特性、电气特性、应用文件组织以及安全机制等技术要求;

第二层车站终端设备(SLE)层——车站终端设备安装在各车站的站厅,是直接为乘客提供售检票服务的设备,规定了车站终端设备及其运营管理的技术要求;

第三层车站计算机(SC)系统层——主要功能是对第二层车站终端设备进行状态监控,以及收集本站产生的交易和审计数据,规定了系统的数据管理、运营管理及系统维护管理的技术要求;

第四层线路中央计算机(LCC)系统层——主要功能是收集本线路自动售检票系统产生的交易和审计数据,并将此数据传送给城市轨道交通清分系统,并与其进行对账,规定了对该线路的车票票务管理、运营管理及系统维护的技术要求;

第五层清分(ACC)系统层——主要功能是统一城市轨道交通自动售检票系统内部的各种运行参数,收集城市轨道交通自动售检票系统产生的交易和审计数据并进行数据清分和对账,同时负责连接城市轨道交通自动售检票系统和城市一卡通清分系统,规定了对车票管理、票务管理、运营管理和系统维护管理的技术要求。

任务 1.3 自动售检票系统维修工职业概况

1.3.1 自动售检票系统维修工职业定义

自动售检票系统维修工,从事自动售检票系统终端设备和网络系统线路及器件的安装、调试与维护、检修的人员。

1.3.2 自动售检票系统维修工职业等级

(1)职业等级分类

自动售检票系统维修工职业等级共分为五级,分别为初级工(五级)、中级工(四级)、高级工(三级)、技师(二级)、高级技师(一级)。

(2)申报条件

1)初级工

已取得本职业(工种)上岗证,且见习期满正式定岗者,直接认定初级工职业资格,不再组织初级工职业技能鉴定。

2)中级工

已取得本职业(工种)初级工职业资格,且取得该资格后在本职业(工种)连续工作满

3 年(参加工作满 4 年);或者在本职业(工种)连续工作满 7 年(仅含正线值班员)。

3)高级工

已取得本职业(工种)中级工职业资格,且取得该资格后在本职业(工种)连续工作满 4 年(参加工作满 8 年);或者在本职业(工种)连续工作满 15 年以上的生产技术骨干。

4)技师

已取得本职业(工种)高级工资格,且取得该资格后在本职业(工种)连续工作满 5 年。

5)高级技师

已取得本职业(工种)技师资格,且取得该资格后在本职业(工种)连续工作满 3 年。

复习思考题

1.自动售检票系统的发展方向是什么?

项目二 自动售检票系统基础知识

任务 2.1 自动售检票系统新线筹备知识

2.1.1 自动售检票系统新线筹备概述

本项目主要介绍自动售检票系统新线筹备的相关知识,从运营岗位出发,依据国内地铁 AFC 系统新线建设经验,按照时间顺序方式详细介绍新线筹备的相关知识点。

(1)新线筹备的时间节点

地铁 AFC 系统作为信息系统的一种,符合软件工程信息系统建设的总体思想和模型。因各地铁 AFC 系统所适用的城市人群以及经济发展水平不尽相同,不太适合快速原型法的开发方式。一般采取瀑布模型开发,新线筹备时间节点一般采取倒排方式进行。因 AFC 系统的特殊性在地铁工程实际现场建设总体周期中处于相对滞后位置,所以须在地铁大工程三通(洞通、轨通、电通)后进行建设,一般周期为沿线客流分析、运营需求意见收集、新线用户需求书编制、招标、评标、投标文件评审、与中标单位进行设计联络会确定的相关技术细节、人员培训、概要设计评审、详细设计、样机验收、出厂设备预检查、现场施工介入、设备现场安装盯控、单系统调试、综合联调等阶段。

(2)沿线客流分析

地铁 AFC 系统作为与人接触的运营窗口设备,在一定程度上代表了地铁运营公司的服务和保障水平,在不同车站设置 AFC 系统站级设备的数量以及位置都应充分考虑所处车站的人流密度,这是保障地铁运营服务质量的前提条件。位置摆放依据出入口上方商业区以及住宅小区功能体的位置确定,一般应通达所有出入口以及 4 个象限,数量应依据短期和长期在成本基础上进行确定。

(3)运营方需求意见收集

运营方需求意见收集主要为西安地铁既有线路 AFC 系统运营的经验以及缺陷展开,还应充分考虑到行业发展的前沿新技术,尽可能地保障交付 AFC 运营方的系统质量可靠和生命周期以及可维护性的延续。

(4)新线用户需求书的编制

需求工程的基本问题是获取需求、分析需求、表述需求、确认需求、进化需求。需求工程需要专家、地铁运营部门、中标单位、需求分析员、系统分析员、软件程序员等方方面面的人员共同参与,不同的人员有不同的着眼点和知识背景,在充分考虑各方面基础上,才能进行用户需求书的编制。

(5)招标

AFC 系统的招标一般由地铁公司工程招标部门负责,运营部门参与,共同确定招标的组织方式。

(6)评标

AFC 系统评标阶段,运营方参与时应重点关注各投标单位的方案是否最大化达到自身需求的契合,也应关注投标方的业绩表现和后期售后服务质量的评价。

(7)投标文件评审

在此阶段,对中标单位的投标文件进行评审,运营方应重点关注自身相关需求是否得到了中标单位的有效应答和回复。

(8)设计联络会

设计联络会的开展主要为在需求的基础上,更进一步逐项落实各个系统设备的需求和技术细节,为后面的概要设计、详细设计打下坚实的基础。

(9)人员培训

根据国内地铁运营单位建设 AFC 系统的经验,人员培训一般在进行设计联络后,运营方在设计联络会之前应确定新建 AFC 系统运营的主要管理、技术人员,在设计联络后开始与建设单位进行充分的沟通,共同确定厂家人员培训的数量、方式、培训内容。

(10)概要设计

概要设计的主要任务是把需求分析得到的系统扩展用例图转换为软件结构和数据结构。设计系统结构的具体任务是:将一个复杂系统按功能进行模块划分、建立模块的层次结构及调用关系、确定模块间的接口及人机界面等。数据结构设计包括数据特征的描述、确定数据的结构特性,以及数据库的设计。显然,概要设计建立的是目标系统的逻辑模型,与实际样机无关。但是一般建设单位都将软件工程思想方法简化,概要设计一般略去,而直接进行详细设计。

(11)详细设计

详细设计阶段,一般运营方不参与,但是按照瀑布模型,此阶段是一个增量迭代阶段。

(12)样机验收

样机验收运营部门应派出具有丰富 AFC 系统知识经验的专业人员去厂家进行,重点关注影响运营的功能是否可以得到有效实现和设备的易用性。

(13)出厂设备预检查

出厂设备预检查重点关注出厂设备是否修改了样机的遗留问题,运营方应派出具有深厚 AFC 系统知识的专业人员前往厂家进行。

（14）现场施工介入

在 AFC 系统进入现场施工阶段,运营方可安排新线运营提前进行施工介入,查找相关问题,包括布线以及装修问题,反映给监理或者建设单位,尽可能减少施工质量差异以及未按合同施工对后期运营造成的影响。

（15）设备安装盯控

在站级设备安装过程中,运营方应重点关注安装过程中的成品保护。

（16）单系统调试

单系统调试采用黑盒调试,重点关注单系统设备功能的实现。

（17）综合联调

综合联调阶段一般由地铁运营新线部门统一协调实施,关注 AFC 系统与其他系统的耦合性问题,功能侧重网络连通性的实现。

2.1.2　自动售检票系统与其他专业接口

本小节主要学习自动售检票系统与其他地铁运营系统的专业接口。在前面的学习中,知道地铁工程作为城市大型基建工程,充分利用了城市的立体空间,在这个有限的空间里,要做到高效、快捷、准确、安全,必须多种信息系统形成耦合。自动售检票系统作为众多运营信息系统的一种,占据着重要的地位。本小节将从接口的规范及标准、接口数据、接口功能要求等方面详析。

（1）与通信传输系统的接口

1）规范要求及接口划分

一般地铁线路 AFC 系统与通信传输系统的接口划分分界点分别在线路各车站及线路控制中心通信专业设备室的通信配线架接线端子排处。车站接口示意图如图 2-1 所示。

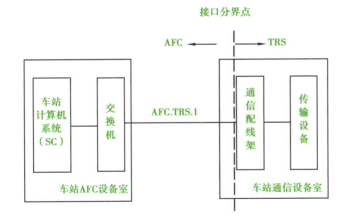

图 2-1　车站接口示意图

线路控制中心如图 2-2 所示。

在定义了接口划分空间位置的基础上,还需定义自动售检票系统与通信传输系统的接口的规范要求,其中包括物理接口、功能、电磁特性、性能、软件协议等。

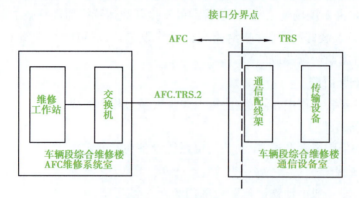

图 2-2 线路控制中心

2)物理接口

物理接口是系统中不同设备与部件之间的硬件接口。1979 年国际标准化组织(ISO)提出了开放系统互连(OSI)的参考模型,其中物理层是最低层,提供有关比特流在物理媒介上的传输。物理接口执行 SDH 帧开销的处理工作,提取或者综合数据给下一个链路模块,从而完成物理接口功能。AFC 系统与通信传输系统的物理接口需定义接口的位置、链路数目、用途、类型和连接路径。其中在控制中心 AFC 中央系统主机房到线路通信专业通信设备室的链路数目为两对,形成环状拓扑结构,互为冗余配置,见表 2-1。

表 2-1 AFC 系统物理参数表

编　号	位　置	数　量	用　途	类　型	连接路径
AFC.TRS.1	车站通信设备室(每个车站)	1	AFC 系统节点间通信	100 M 以太网,RJ45	网络电缆从车站 AFC 设备室 AFC 交换机连接至车站通信设备室通信配线架端子排外侧
AFC.TRS.2	控制中心通信设备室	2	AFC 系统节点间通信	100 M 以太网,RJ45	网络电缆从控制中心二号线 AFC 主机房 AFC 交换机连接至控制中心二号线通信设备室通信配线架端子排外侧

3)功能接口

功能接口定义接口的功能要求,见表 2-2。

表 2-2 功能接口表

编　号	功能要求	AFC	TRS
AFC.TRS.1	提供控制中心 CC 与各车站 SC(含车辆段)间的数据传输通道	利用通信传输系统提供的通道进行数据传输	提供 1 个共享式以太网数据传输通道
AFC.TRS.2	提供控制中心 CC 与各车站 SC(含车辆段)间的数据传输通道	利用通信传输系统提供的通道进行数据传输	在两个传输环内分别提供 2 个共享式以太网数据传输通道

4）电磁特性要求

不同的传输介质，其电磁特性也各不相同。它们不同的特性对接口中通信质量和通信速度有较大影响。AFC 系统与通信传输系统之间一般采用点对点连接，因双绞线的传输极限理论近似为 100 m+4 个中继器，总计不超过 500 m，所以在不考虑建设成本的前提下，一般应选用光纤作为传输介质。接口设备及连接线缆的电磁辐射符合中华人民共和国国家标准《电磁环境控制限值》（GB 8702—2014）中各频率（1 Hz~300 GHz）公众曝露控制水平规定，并能在现场电磁环境中可靠工作。

5）接口协议和性能要求

通信传输系统为 AFC 系统提供 100 Mbit/s、RJ45 的电气接口，以太网通道，分配带宽为 100 Mbit/s。通信传输系统保证 AFC 业务的透明性和独立性。随着业务数据量不断提升和网络稳定性的更高要求，应优先选择符合 1000BASEX、1000BASET 以太网标准的网络设备，分配带宽为 1 Gbit/s。软件协议选用开放的、通用协议标准，一般为 IEEE802.3U 标准，数据定义与数据格式等为各地铁公司和 AFC 系统集成商在设计联络中共同确定。

（2）与时钟系统的接口

1）接口划分位置规范要求

一般地铁线路 AFC 系统与时钟系统的接口划分分界点分别在线路控制中心通信专业通信设备室通信配线架接线端子排处，端子排同时链接中心母钟。接口示意图如图 2-3 所示。

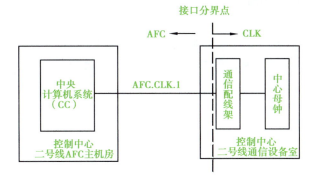

图 2-3　接口示意图

2）物理接口

由于时钟系统需给地铁运营其他子系统提供标准时间和时钟同步，所以采用点对多的链接方式，一般采用 RS-422 标准，接收端的输入阻抗为 4 kΩ，故发射端的最大负载为 10×4 kΩ+100 Ω，见表 2-3。

表 2-3　时钟系统接口参数表

编　号	位　置	数目	用　途	类　型	连接路径
AFC.CLK.1	控制中心通信设备室	1	时钟系统为AFC 系统提供标准时间信息	RS422	网络电缆从控制中心 AFC 主机房 AFC 服务器连接至控制中心通信设备室通信配线架端子排外侧

3）功能接口及性能要求

功能接口的功能见表 2-4。

表 2-4　功能接口表

编　号	功能要求	AFC	CLK
AFC.CLK.1	在控制中心二号线时钟系统与 AFC 系统之间建立信息通道	接收时间信号,并根据时间信号校准 AFC 系统时钟	为 AFC 系统提供标准时间信息

4）性能要求与接口协议

时钟系统一般要求传送到接口分界时间信息与 GPS 时间误差小于 0.1 s。AFC 系统有可靠时钟设备,只与时钟系统进行校准,通过校准,AFC 系统应能对全线 AFC 系统设备进行时间同步,时钟精度为 ms 级。AFC 系统应具有屏蔽溢出错误时间信号的能力,在时钟系统故障或进行维护时,AFC 系统仍能维持系统及设备正常工作,时钟系统故障恢复后,AFC 系统能够重新进行对时。

时钟系统采用 NTP 网络时间协议把系统时间同步到世界协调时 UTC,可以使计算机对其服务器或时钟源(如石英钟,GPS 等)进行时间同步,提供高精准度的时间校正,使用加密确认的方式来防止病毒的协议攻击,其精度在局域网内可达到 0.1 ms。

（3）与综合监控系统的接口

1）接口划分与规范要求

一般地铁线路 AFC 系统与综合监控系统的接口划分分界点分别在车站及线路控制中心的综合监控设备室配线架外侧以及车站控制室 IBP 盘接线端子外侧,如图 2-4、图 2-5所示。

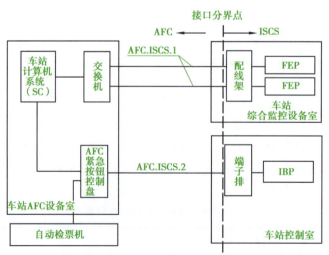

图 2-4　车站控制中心图

在定义了接口划分空间位置的基础上,还需定义自动售检票系统与综合监控系统的接口的规范要求,包括物理接口、功能、电磁特性、性能、软件协议等。

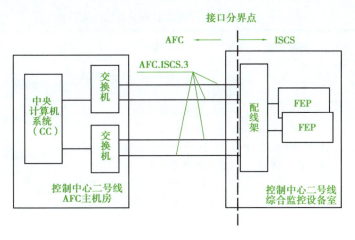

图 2-5　线缆控制中心图

2）物理接口

AFC 系统与综合监控系统的物理接口见表 2-5。

表 2-5　AFC 系统与综合监控系统的物理接口表

编　号	位置	数　目	用　途	类　型	连接路径
AFC.ISCS.1	车站综合监控设备室（每个车站）	2	实现车站 AFC 系统与 ISCS 之间的数据传输	10/100 Mbit/s 以太网,RJ-45	网络电缆从车站 AFC 设备室 AFC 交换机连接至车站综合监控设备室配线架端子排外侧
AFC.ISCS.2	车站车控室	1	实现 IBP 盘 AFC 紧急按钮对自动检票机的紧急释放	硬线	硬线电缆从车站 AFC 设备室 AFC 紧急按钮控制盘连接至车站车控室 IBP 盘端子排外侧
AFC.ISCS.3	控制中心二号线综合监控设备室	4	实现中央 AFC 系统与 ISCS 之间的数据传输	10/100 Mbit/s 以太网,RJ-45	网络电缆从控制中心二号线 AFC 主机房 AFC 交换机连接至控制中心二号线综合监控设备室配线架端子排外侧

AFC 系统与通信传输系统的传输物理搭建方式是相同的。在传输距离超过 80 m 时,且不考虑建设成本的前提下,应优先选用光纤介质传输。其中控制中心和车站到综合监控系统的物理链路采用环形拓扑结构,保证冗余配置。

3）功能接口

功能接口定义了 AFC 系统与综合监控系统接口的功能实现,见表 2-6。

表 2-6　AFC 系统与综合监控系统的功能接口表

编　　号	功能要求	AFC	ISCS
AFC.ISCS.1	在车站 AFC 系统和 ISCS 之间建立通信通道	1. 按约定好的数据格式，准备： 1）客流统计数据 2）设备信息 2. 回应 ISCS 对 AFC 与 ISCS 之间的通道检测。 3. 接收 ISCS 模式命令，根据车站投入运营和结束运营控制相关设备投入和退出服务	1. 每隔一定时间，采集下列数据： 1）客流统计数据 2）设备信息 2. 每隔一定时间，ISCS 对 AFC 与 ISCS 之间的通道进行检测。 3. 发送模式命令
AFC.ISCS.2	实现车站控制室对本站 AFC 检票机的紧急释放	接收来自 ISCS 的 IBP 控制，释放本站自动检票机	在紧急情况下，通过车站控制室 IBP 盘手动实现对本站 AFC 检票机的释放功能
AFC.ISCS.3	在控制中心 AFC 系统和 ISCS 之间建立通信通道	1. 按约定好的数据格式，准备： 1）客流统计数据 2）设备信息 2. 回应 ISCS 对 AFC 与 ISCS 之间的通道检测	1. 每隔一定时间，采集下列数据： 1）客流统计数据 2）设备信息 2. 每隔一定时间，ISCS 对 AFC 与 ISCS 之间的通道进行检测

4）性能和电磁特性

电磁特性方面，AFC 系统和综合监控系统的接口和通信传输系统的要求是相同的，都须符合国家相关标准。

AFC.ISCS.1、AFC.ISCS.3 两路链路在车站和控制中心向综合监控系统提供有关客流、设备状态及设备故障信息，在综合监控系统的工作站上以图元显示的方式供客运值班人员使用。

AFC.ISCS.2 链路，用以接收来自综合监控系统的紧急模式命令，提醒客运值班人员手动释放 IBP 盘按钮，用以打开全站闸机快速疏散客流。

5）接口协议

AFC 系统和综合监控系统的接口协议应符合 IEEE、EI、ISO、ITU 等组织标准，选用开放的、通用的协议，包括 TCP/IP、Modbus 等。

（4）与火灾自动报警系统的接口

1）接口位置和规范要求

一般地铁线路 AFC 系统与火灾自动报警系统的接口划分分界点在各车站控制室 IBP 接线端子排外侧，如图 2-6 所示。

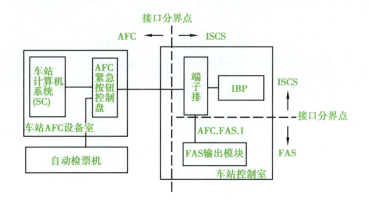

图 2-6　AFC 与火灾报警系统接口图

在定义了接口划分空间位置的基础上，还需定义自动售检票系统与火灾自动报警系统接口的规范要求，包括物理接口、功能、电磁特性、性能、软件协议等。

2）物理接口

AFC 和火灾自动报警系统的物理接口在车站控制室，一般从 FAS 专业输出模块连接至 IBP 盘紧急按钮接线端子排外侧，传输介质采用 RS-485 四线制点对多（点对点）链接方式，介质上可以使用双绞线或阻抗匹配 RS485 专用电缆，一般为抗干扰应优先选用 RS485 专用电缆。

3）功能接口

车站发生火灾等紧急情况时，当 FAS 系统 AFC 紧急控制位于自动位置时，由 FAS 系统自动控制自动检票机紧急放行。

4）电磁兼容性和接口协议

AFC 系统与火灾自动报警系统电磁特性辐射应符合国家相关规定标准，FAS 系统采用主从点对多链接方式时，应予以接地保护，有效避免共模干扰现象，误触发紧急模式导致车站闸机释放，对地铁运营造成票务资金损失。

（5）与城市"一卡通"系统的接口

1）物理接口

不同城市的一卡通建设备有特色，但还是存在一些共性部分。AFC 系统与一卡通系统的物理分界点在清分子系统处，线路清分业务和一卡通业务进行数据交换工作，清分系统骨干网络和一卡通网络接口之间的连接是通过接口网络实现的，通过高容量的主干网传输系统提供的以太网接口，可以连接至一卡通网络。由于清分系统和一卡通网络之间的数据传输十分重要，因此，要考虑备份链路，一旦主系统或链路出现故障，备份链路立即进行工作。主干网络采用光纤介质。

2）传输数据内容

传输数据内容见表 2-7。

表 2-7 传输数据内容

发送方	接收方	数据类别	数据包
一卡通中心	清分中心系统	管理数据	黑名单数据
			车票类型数据
			车票使用规则数据
		清算对账数据	清算对账数据
			交易审计数据
		发行/储值授权数据	发行/储值授权数据
		发行/储值统计数据	一卡通轨道交通发行/储值的统计数据
		运营数据	车票费率表
			交易模式数据
		车票管理数据	储值票库存数据
			储值票配发数据
			管理票证个性化数据
清分中心系统	一卡通中心	管理数据	黑名单数据
		原始交易数据	消费原始交易数据
			售票及充值原始交易数据
		设备管理数据	设备编码及登记注册数据
		清算对账数据	消费交易统计数据
			售票统计数据
			线路清算对账数据
			一卡通售卡充值统计数据
		车票管理数据	一卡通储值票库存数据
			一卡通储值票调配数据

3）数据传输格式

业务数据交换时所传输的数据以数据包为单位,数据包主要由"目的 IP 地址""源 IP 地址""净载数据"等部分构成,包括包头和包体,包头是固定长度,包体的长度不定,各字段长度固定,双方的请求数据包和应答数据包的包头结构是一致的,不同的是包体的定义。数据包的结构与我们平常写信非常类似,目的 IP 地址是说明这个数据包是要发给谁的,相当于收信人地址;源 IP 地址是说明这个数据包是发自哪里的,相当于发信人地址;而净载数据相当于信件的内容。正是因为数据包具有这样的结构,安装了 TCP/IP 协议的计算机之间才能相互通信。在使用基于 TCP/IP 协议的网络时,其实网络中传递的就是数据包。数据包,对于网络管理的网络安全具有至关重要的意义,如图 2-7 所示。

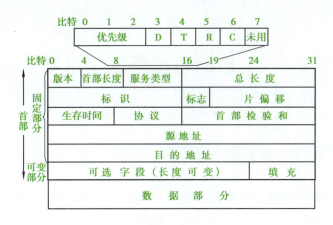

图 2-7　数据传输格式图

4）数据通信协议

清分系统与一卡通通过以太网络相连，采用备份线路保障通信畅通，可靠的传输机制保障传输数据的可靠。当通信系统出现故障，可采用离线方式将数据包通过光盘（MO）、U盘等介质进行传输。

5）密钥管理接口

密钥管理的接口属于业务接口范畴，地铁运营车站一卡通售票室对一卡通票进行发行储值时，需要得到一卡通的授权。一卡通 SAM 卡安装在设备的读写器内，同时，需要一卡通公司绑定及授权后方可使用。其中 SAM 卡使用管理流程如下：

①正式 PSAM 卡由地铁清分业务部门派专人持签字并加盖公章的"一卡通密钥卡领用申请表"到一卡通公司领取。

②清分中心填写加盖公章的"一卡通密钥卡领用申请表"，经一卡通主管领导签字后，到库房办理出库手续。

③清分中心将 PSAM 卡取回后应指定专人保管，安装到收费机具中后，应及时将 PSAM 卡号与机具编号的对应关系表报一卡通公司备案。若有对应关系变更，应及时将变更信息报一卡通公司备案。

④若 PSAM 卡丢失，应及时向一卡通公司报告，根据情节追究清分中心和责任人相应的责任。

⑤清分中心以同样的方式及流程向线路分发 PSAM 卡。

⑥线路将 PSAM 卡分发到线路内的各个车站。

⑦当密钥卡损坏，线路应上缴清分中心，并统一交返一卡通公司库房，办理更换手续。

⑧AFC 中央系统管理人员需要对轨道交通内部的 SAM 卡进行发行和安全管理，包括通过与一卡通 SAM 卡分配使用类似的操作流程将 SAM 卡分配到车站设备。

任务 2.2 自动售检票系统供电原理

2.2.1 自动售检票系统设备房供电原理

一般地铁运营低压配电专业系统会向 AFC 系统设备房提供电源等级为一级负载的单相交流电源,AC 220 V,频率为工频 50 Hz,周期为 0.02 s,切换时间不大于 1.5 s,接地保护由低压配电专业提供,一般接地电阻应大于 1 Ω,电源箱各路有漏电保护装置,如图 2-8 所示。

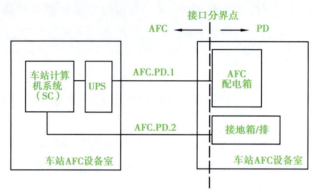

图 2-8 AFC 与供电电源接口示意图

AFC 车站计算机系统配电由设备房内的配电箱输出为两路。一路直接连接到设备房车站计算机系统 UPS 机柜,通过 UPS 输出到 UPS 配电箱,再由 UPS 配电箱输出给服务器、交换机等设备。另一路直接连接到 UPS 电箱作为旁路供电线路,当 UPS 出现故障无法输出电源时使用,如图 2-9 所示。

2.2.2 自动售检票系统站级设备供电原理

一般地铁低压配电专业供电向 AFC 系统站级设备供电的原理和设备房是相同的,低压配电专业提供一级负载的单相交流电,AC 220 V,频率为工频 50 Hz,周期为 0.02 s,切换时间不大于 1.5 s,接地保护也由低压配电专业提供,一般接地电阻应大于 1 Ω,如图 2-10 所示。

自动售检票系统站级设备均由车站站厅两侧配电箱控制站厅各一侧半数设备的供电。一个配电箱控制一侧设备的供电,一般情况下为一个空开控制 2~3 台自动检票机/1~2 台自动售票机/1 台半自动售票机/1 台自动检票机,为并联交流电路,配电箱内的空开上有线标对应控制的设备标号,以防混淆,如图 2-11 所示。

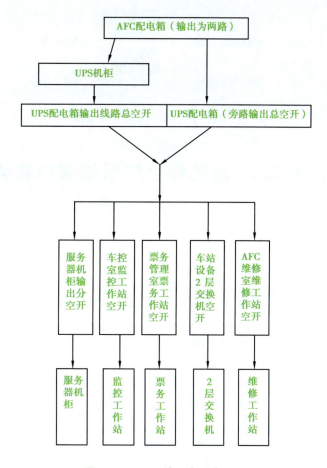

图 2-9　AFC 系统配电示意图

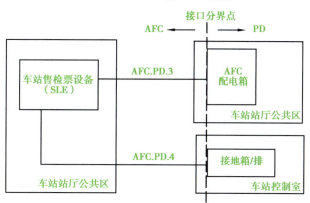

图 2-10　自动售检票系统配电示意图

图 2-11 AFC AB 两端配电示意图

任务 2.3 自动售检票系统网络构架

2.3.1 自动售检票系统网络组成

自动售检票系统主要由线路中央计算机系统、车站计算机系统、车站终端设备、车票、传输系统、培训系统及模拟测试系统组成,包括系统硬件构成、通信网络构成、车站设备之间连接关系、连接方式,车辆段所有设备连接关系、连接方式,控制中心所有设备接入方案、连接关系、连接方式等内容,如图 2-12 所示。

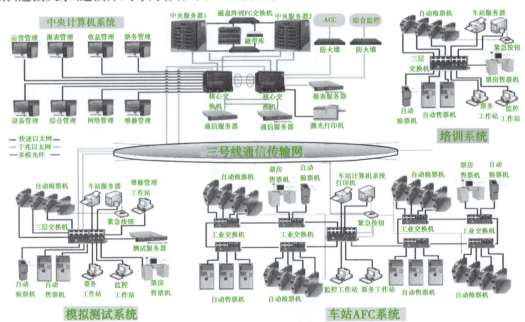

图 2-12 三号线通信传输网示意图

自动售检票系统网络的通信网络由控制中心中央局域网、车站局域网、控制中心至各车站(含车辆段)通信传输网(由通信专业负责提供)组成:

①中央局域网:1 000 Mbit/s 企业级以太网,采用 TCP/IP 通信协议;

②车站局域网:100 Mbit/s 工业环形结构以太网,采用 TCP/IP 通信协议;

③本工程中央至各车站(含车辆段)通信传输网:100 Mbit/s 以太网(通信专业提供),采用 TCP/IP 通信协议。

2.3.2 工作原理

工作原理如下所述。

(1)线路中央网络工作原理

线路中央网络由两台核心交换机组成,即核心交换机 A 与核心交换机 B,其中核心交换机 A 为常用机,核心交换机 B 为 A 的备份设备,当核心交换机 A 出现故障时自动切换至 B,保证网络畅通。线路控制中心内的设备均通过核心交换机经由通信传输网与其他网络连通,其内部构成一个小型局域网。

(2)车站网络工作原理

车站网络由一台三层交换机和数台二层交换机组成。三层交换机由两条冗余 CAT-5e 网线连接至通信传输网,这两条网线之间互为冗余,当其中一条中断时另一条仍能正常工作。同时三层交换机还作为车站环网主机将其余二层交换机通过光纤连接为环网,平时数据在环网中的传输方向为单向,即三层交换机其中一侧与二层交换机的连接无数据传输,当车站某一处环网中断时,受影响的二层交换机才会通过该侧光纤传输数据。车站终端设备全部由 CAT-5e 网线就近连接至二层交换机。

(3)数据接口

数据在系统中的票卡与设备、设备与设备、系统与系统之间产生、流动、储存、提取、处理。主要接口如:票卡数据接口,设备与模块之间的数据接口;设备与 SC,SC 与 LC 之间通信的数据接口,LCC 与 ACC 之间的数据接口,AFC 与外部系统接口等。

(4)连接方式

不同系统、设备之间通过不同的形式连接在一起,按照约定的数据传输协议传递数据,完成整个系统之间的数据交互与流动,如图 2-13 所示。

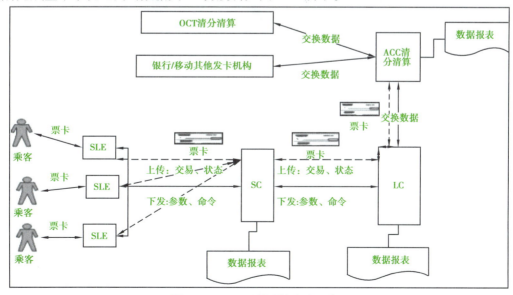

图 2-13　AFC 系统连接方式示意图

任务 2.4 自动售检票系统票卡基本知识

城市轨道交通车票既是乘车的凭证,也是城市轨道交通运营管理重要信息的载体,与收益、客流等信息的掌握,密不可分,是整个票务系统运作的重要媒介。

2.4.1 非接触 IC 卡概述

在城市轨道交通发展初期,各地车票均采用纸质为票卡的介质,纸质车票需要大量人员进行售检票,工作效率低且不可循环使用,有一定的资源浪费,因此随着计算机、通信电子等技术发展,各地地铁采用自动售检票系统后,纸质车票作为地铁主要流通车票介质的时代就结束了;在较早实现自动售检票的地铁中,主要流通车票为磁介质车票,它读写简单、使用方便且能重复使用;但经过票卡性能的比对,IC 卡以其信息记录存储量大、高可靠性、高安全性和高保密性等特点,被越来越多的城市采用。IC 卡作为主要流通的地铁车票有北京地铁、上海地铁、广州地铁、深圳地铁和西安地铁等,如图 2-14—图 2-16 所示。

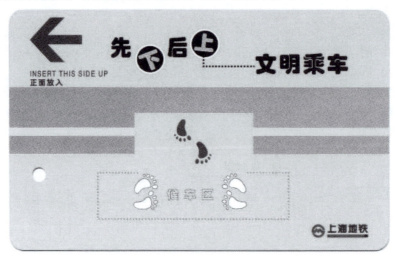

图 2-14 上海地铁单程票——磁卡票示意图

轨道交通车票主要包括非接触 IC 卡和二维码电子车票,其中,非接触式 IC 卡作为轨道交通的信息载体,采用 ISO/IEC 14443 标准。

非接触式 IC 车票主要有三大类型:记值类车票、记次类车票和定期类车票。记值类车票内余额按金额记录,每次消费时按金额扣除票价;记次类车票内余额按照次数记录,每次消费时扣除 1 次;定期类车票没有余额,在指定期内可以无限次使用。

图 2-15　南京地铁单程票（TOKEN）——IC 卡示意图

图 2-16　西安地铁纪念票——IC 卡示意图

自动售检票系统设备可以处理卡片形式的非接触式 IC 卡,包括地铁发行的一票通车票和市政交通一卡通车票。薄型非接触式 IC 卡具有一定安全机制,每个模块具有锁定机制,保证不变信息防止非法改变;7 位 UID 可以保证不会被克隆,32 位 OTP 区域,提供一次写区域,提供车票永久性辨认。设计动态 MAC,可立即发现非法修改,保证其他任何修改均会被拒绝,从而通过密钥保证车票安全,系统配合业务流程和设备车票安全保护措施,可以保护车票不流失,密钥不被获取。

非接触式 IC 卡又称射频卡,由 IC 芯片、感应天线组成,封装在一个标准的 PVC 卡片内,芯片及天线无任何外露部分。卡片在一定距离范围(通常为 5～10 cm)靠近读写器表面,通过无线电波的传递来完成数据的读写操作。非接触式 IC 卡分为单程票和储值票。

单程票为地铁专用车票,乘客只能在地铁站厅内自动售票机或半自动售票机处购买,且在当日运营时间内有效;乘客由购票地铁车站进入,乘坐车费以内的车程,出站时由闸机回收。单程票分为 IC 卡单程票和 TOKEN 单程票。

(1)单程票

1)IC 卡单程票

物理尺寸:卡的标称尺寸符合 ISO/IEC 14443—1 规定,即长:85.47~85.72 mm,宽:53.92~54.03 mm,厚度为标准定制薄卡尺寸:(0.46±0.03)mm,导角半径:(3.18±0.30)mm圆弧,如图 2-17、表 2-8 所示。

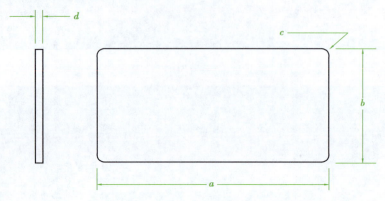

图 2-17　IC 卡单程票规格示意图

表 2-8　IC 单程票规格范围表

各边组成	a		b		c		d	
尺寸要求	最小	最大	最小	最大	最小	最大	最小	最大
单程类	85.47	85.72	53.92	54.03	2.88	3.48	0.48	0.56

IC 单程票采用优质 PET 材料封装,卡片表面为亚光面,可根据要求制作为空白卡或有图案的卡片。IC 单程票的双面都可以印刷确定的图案和文字符号,并确保在正常应用情况下,图案没有明显褪色、不剥落。

2)TOKEN 单程票

外形为硬币式(TOKEN),物理尺寸:直径(30±1.0)mm,厚度(3.0±0.2)mm,质量(2.2±0.3)g,如图 2-18 所示。

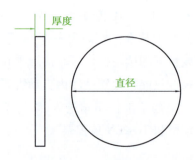

图 2-18　TOKEN 单程票规格示意图

耐磨材料(ABS 阻燃塑料)封装,TOKEN 线圈电路要求采用 PCB 工艺,且 PCB 表面要求黑油处理(低透光率)。

①工作环境要求。IC 卡单程票和 TOKEN 单程票工作环境要求基本一致。

A.工作温度和储存温度

IC 单程票的工作温度范围:−10～+50 ℃,在此范围内 IC 单程票能正常工作。

IC 单程票的储存温度范围:−20～+70 ℃,在此范围内存储在 IC 单程票内的数据不改变。

B.湿度

按 GB/T 14916—94 标准,相对空气湿度为 5%～98%、最高温度为 25 ℃时,IC 单程票能可靠使用。

C.紫外线

按照 ISO/IEC 14443—1 标准规定,在波长为 254 nm,总能量为 15 W/cm^2 的紫外线的辐射下,储存在 IC 单程票内的数据不改变,并能继续进行数据读写。

D.X 射线

IC 单程票的任何一面曝光 剂量,相当于 70～140 keV 的中等剂量 X 射线(每年的累积剂量),不引起 IC 单程票的失效。

E.静电

按 ISO/IEC 14443—1 标准规定,对 IC 单程票进行 6 kV 的放电试验,储存在 IC 单程票内的数据不改变,并能继续进行数据的读写。

F.静磁场

按 ISO/IEC 14443—1 标准规定,在 640 kA/m 的静态磁场内暴露后,储存在 IC 单程票内的数据不改变,并能继续进行数据的读写。

G.交变磁场

按 ISO/IEC 14443—1 标准要求,将 IC 单程票置于频率为 13.56 MHz、场强为 12 A/m 的交变磁场后,储存在 IC 单程票内的数据不改变,并能继续进行数据的读写。

H.振动性

振动频率为 50 Hz,加速度为 $3g$,振动 1 h 后,储存在 IC 单程票内的数据不改变,并能继续进行数据的读写。

I.表面光洁度

目检 IC 单程票表面,没有明显的划痕、斑点、凹坑、凸起等。表面印刷图案工整且不易磨损。

②电气特性。IC 卡单程票和 TOKEN 单程票电气特性要求基本一致。

A.符合 ISO/IEC 14443 TYPE A 标准。

B.自带线圈,内含加密控制逻辑和通信逻辑电路,采用无源工作方式,能量、数据通过射频传递,无接触下操作。

C.EEPROM 容量为 512 位,有效应用数据容量为 384 位。

D.具有 7 字节不可擦写的全球唯一序列号。

E.工作频率:13.56 MHz±7 kHz。

F.工作场强:最小未调制工作场强为 1.5 A/m(有效值),最大未调制工作场强为 7.5 A/m(有效值);票卡应能在最小和最大未调制工作场强间持续正常操作。

G.通信速率:106 Kbit/s,半双工方式。

H.复位应答:票卡与读写器应能按 ISO 14443—2 标准规定,进行复位应答。

I.票卡操作距离:读写模块对选用的 IC 卡芯片封装单程票的最大有效读写距离不小于 60 mm。

J.票卡稳定一致性:批量供应票卡间的距离在规定的指标范围内差异不能超过 30 mm。

(2)储值票

1)定义及分类

储值票在有效期内限单人使用,可充值,不可挂失;发售时收取押金,乘客持储值票乘车按里程计费。进站检票,出站扣费,超时出站,根据运营规定追加乘车费用。若出站时卡内余额不足,不允许透支出站,须补齐车费后出站。

物理尺寸为 85.60 mm×53.98 mm×0.76 mm,单张卡片的厚度要均匀一致,如图 2-19、表 2-9 所示。

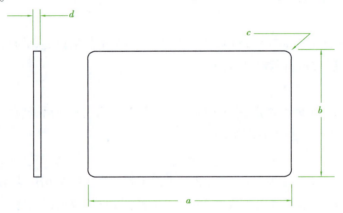

图 2-19　储值卡规格示意图

表 2-9　储值卡规格范围示意表(mm)

长		宽		角 度		厚 度	
最 小	最 大	最 小	最 大	最 小	最 大	最 小	最 大
85.47	85.72	53.92	54.03	2.88	3.48	0.68	0.84

储值票(CPU 卡)采用优质 PET 材料封装,卡片表面为亚光面,可根据要求制作为空白卡或有图案的卡片,卡型车票的双面都可以印刷确定的图案和文字符号,并确保在正常应用情况下,图案没有明显褪色、不剥落。

2)工作环境要求

①工作温度。储值票(CPU 卡)的工作温度范围:-25~+70 ℃,储值票(CPU 卡)的存储温度范围:-25~+85 ℃,在此范围内储值票(CPU 卡)能正常工作。

②湿度。按 GB/T 14916—94 标准规定,放置在温度为-25~+50 ℃,相对空气湿度为5%~90%环境,储值票(CPU 卡)能可靠使用。

③剥离强度。各层间剥离强度≥3.5 N/cm。

④表面光洁度。目检储值票(CPU 卡)表面,没有明显的划痕、斑点、凹坑、凸起等。表面印刷图案工整且不易磨损。

3)电气特性

①标准:完全符合 ISO/IEC 14443 1/2/3/4。

②协议:支持 ISO/IEC 14443—A 通信协议。

③MCU:指令兼容 8051。

④非接触通信:支持 Type A。

⑤规范:支持 PBOC2.0 的电子存折/电子钱包/借贷记应用。

⑥硬件:3DES 处理器。

⑦符合 ISO/IEC 14443 中描述的防冲突机制。

⑧支持防插拔处理和数据断电保护机制。

⑨通信速率:TypeA 下 106 Kbit/s。

⑩标准:PBOC 电子钱包消费交易时间可控制在 300 ms 以内。

⑪支持一卡多应用,各应用之间相互独立。

⑫具有 7 字节不可擦写的全球唯一序列号。

⑬程序存储器:40 Kbit/s ROM。

⑭读写距离:0~10 cm。

⑮时钟频率:外部时钟 1~10 MHz,内部时钟可达到 30 MHz。

⑯典型处理时间:识别一张卡 3 ms(包括复位应答和防冲突)。

⑰EEPROM 擦写时间:2.4 ms。

4)通用标准

①发射原理。非接触性 IC 卡与读卡器之间通过无线电波来完成读写操作。二者之间的通信频率为 13.56 MHz。非接触性 IC 卡本身是无源卡,当读写器对卡进行读写操作时,读写器发出的信号由两部分叠加组成。一部分是电源信号,该信号由卡接收后,与本身的 L/C 产生一个瞬间能量来供给芯片工作。另一部分则是指令和数据信号,指挥芯片完成数据的读取、修改、储存等,并返回信号给读写器,完成一次读写操作。读写器则一般由单片机,专用智能模块和天线组成,并配有与 PC 的通信接口、打印口、I/O 口等,以便应用于不同的领域。

②AB 标准。TYPEA,以飞利浦、西门子公司为代表的 TYPEA。目前最广泛使用的 Mifare 技术即符合 TYPEA 标准。它与 TYPEB 的区别主要在于卡与读写器的通信调制方式。简单来说,当表示信息"1"时,信号会有 0.2~0.3 μm 的间隙;当表示信息"0"时,信号

可能有间隙也可能没有,与前后的信息有关。这种方式的优点是信息区别明显,受干扰的机会少,反应速度快,不容易误操作;缺点是在需要持续不断地提高能量到非接触卡时,能量有可能会出现波动。

TYPEB,以摩托罗拉,意法半导体公司为代表的 TYPEB。这种标准刚刚研制出来,它的卡与读写器通信采用的是一种 10% ASK 的调制方式。即信息"1"和信息"0"的区别在于信息"1"的信号幅度大,即信号强;信息"0"的信号幅度小,即信号弱。这种方式的优点是持续不断的信号传递,不会出现能量波动的情况;缺点是信息区别不明显,相对来说易受外界干扰,会有误信号出现,当然也可以采用检验的方式来弥补。

2.4.2　二维码电子车票概述

二维码电子车票即闸机扫描二维码检票乘坐地铁,借助了闸机二维码扫描读头的二维码自动读取和传输的性能,将随时携带的手机变成一张畅行的地铁卡,实现乘地铁刷手机二维码即刻直接进出站,为乘客提供自助扫码检票服务,从根本上缓解地铁人流拥堵现状,如图 2-20 所示。

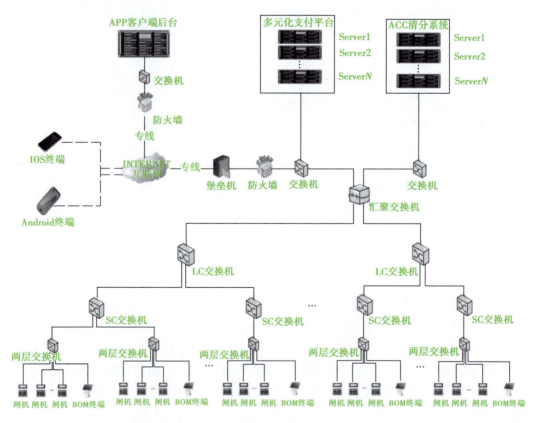

图 2-20　二维码电子车票概述图

防复制技术如下所述。

防复制功能采取两级防复制,即本机防复制和线网防复制。防复制功能可配置,即通过配置文件,确定终端交易是否要进行防复制,以及防复制的级别。配置通过参数下发的方式,从后台下发到终端。本机防复制功能不可取消。

1)防复制规则

①防复制对码、对账户生效。

②相同码在当站、全线网当天只能使用 1 次。

③相同账户在线网 5 min 内只能使用 1 次。

2)闸机本机验证

乘客使用二维码过闸,二维码扫码器读取到数据后,将数据上传到工控机程序。程序首先进行乘客交易验证,即验证乘客是否在规定的时间内,在本机进行过交易,此规定时间一般可考虑设置为乘客完成"本通道进站→马上出站→再次通过本通道进站"的时间,如 5 min,如果乘客在本通道的交易与上一次交易间隔时间不足 5 min,则在第二次交易时,提示乘客非法操作,到票亭处理,并且不记录该交易。如乘客在本通道的交易与上一次交易的时间间隔超过了 5 min,或者在本通道不存在上一次交易,则进行下一步验证,即线网防复制验证。本机验证不可降级,不可取消。

3)线网防复制

乘客的二维码过闸交易通过本机验证后,需要再进行线网防复制验证,验证过程为:闸机使用从二维码中提取到的乘客账户信息,向线网防复制服务器提起查询请求。线网防复制服务器的判断规则:使用的二维码是否有已使用记录,如有,返回交易非法;验证乘客在规定时间如 5 min 内,是否在线网有与本次交易同类型的交易存在,存在则返回交易非法,不存在返回交易合法。

4)使用规则

①二维码电子车票乘车方式。乘客进、出站时,打开 App,选择对应功能后,将手机上显示的二维码对准通行通道右侧闸机的指定二维码扫描区域,闸机验证通过后闸门开启,乘客即可通过闸机。

②二维码电子车票乘车通用规则。二维码电子车票仅限单人使用,使用过程遵循"一人一码""一进一出"的原则。

支付账户要求:使用第三方支付方式如微信、支付宝或储值账户直接代扣的乘客,应符合并满足第三方支付软件的相关规定及操作规范,如果乘客因账户余额不足未完成本次交易支付,在下次乘坐地铁时,APP 将不会生成二维码,乘客必须完成支付后才可再次乘车。

2.4.3 二维码系统网络结构

闸机内主控板新增一条网线至阵列边机内交换机,通过交换机直接连多元化支付平台服务器,如图 2-21 所示。

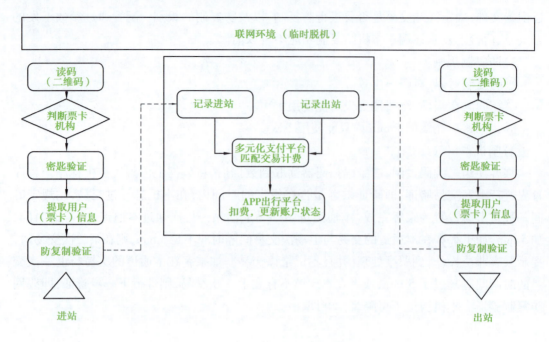

图 2-21　多元支付平台服务器示意图

复习思考题

1.自动售检票系统的网络组成有哪些?

2.自动售检票系统与其他专业接口有哪些?

3.二维码电子车牌遵循的原则是什么?

第二部分　正线知识

项目三 初级工（正线）理论知识及实操技能

任务 3.1 站级设备原理及功能介绍

3.1.1 自动售票机原理及功能介绍

（1）自动售票机简介

自动售票机（Ticket Vending Machine，TVM）设置于非付费区，用于乘客购买单程票或对储值票进行充值。自动售票机上配备触摸屏和乘客显示屏，可以模拟显示线路，并能显示票价和投币情况，提示乘客购票，方便乘客操作，如图 3-1 所示。

图 3-1 自动售票机示意图

（2）自动售票机组成

自动售票机主要由主控单元（ECU）、单程票发售模块、储值票处理模块、乘客显示器、触摸屏、运行状态显示器、维修面板、硬币处理模块、纸币处理模块、纸币找零模块、单据打印机、电源模块、不间断电源（UPS）及机壳等模块及组件构成。

（3）自动售票机的功能

1）面向乘客的功能

①单程票发售功能。TVM 可以根据乘客的选择，发放单张或多张单程票。当乘客放

入足够的现金(硬币或纸币)票款后,TVM从单程票发售模块的票箱中逐张取出欲发售的票卡,通过读写器进行校验、赋值,对符合发售条件的票卡赋值发售,对无效票及设定类型的票卡回收至废票箱。

②储值票处理功能。TVM具有对储值票进行充值的功能。TVM收入指定面值的纸币后首先对乘客放入的储值票进行校验,验证储值票的合法性及完整性,之后根据乘客所放入的现金金额将充值信息(充值的车站,充值的日期、时间,充值金额,充值后的余额,储值票当前的有效期)写入储值票。对储值票的充值不找零。充值结束后,TVM可根据乘客选择或参数设置打印充值凭证。

③现金处理功能。TVM可实现现金的接收与找零。

A.接收硬币。乘客购买单程票时,通过硬币处理模块自动识别、接收特定面值的硬币。硬币处理模块最多可识别的硬币可达8种(可通过参数设置),默认接收1元面值硬币。对于被识别的硬币,会进入暂存机构,未能识别的硬币则会直接退还给乘客。

硬币处理模块具有自学习功能,可针对出现的伪币或发行的新币种进行升级。

B.接收纸币。乘客购买单程票或对储值卡进行充值时,通过纸币处理模块可自动识别、接收乘客所放入的特定面值的纸币。纸币处理模块最多可接收13个币种的人民币纸币,且可4种方向识别,包括当前流通的5、10、20、50、100元面值的人民币纸币。具体接收的币种范围可通过参数进行设置。

纸币被逐张放入纸币处理单元,对于识别的纸币会首先进入缓存部,缓存部可保存15张纸币,若乘客中途取消交易,该笔交易所放入的纸币可一次性全部退出。若确认交易,则缓存部的纸币会被收入纸币回收箱。

C.硬币找零。通过硬币处理模块输出硬币,用以退还乘客购票现金扣除票款后的余额。硬币处理单元可支持2个币种的硬币找零(可通过参数进行设置),默认只找1元面值的硬币。首先使用硬币找零箱内的硬币用于找零,当暂存机构内硬币不足时,直接用硬币补充箱中的硬币找零。

D.纸币找零。通过纸币找零器输出指定面值的纸币,实现TVM的纸币找零功能。找零的纸币逐张横向弹出落入找零口中。

④界面显示及引导功能。TVM的面板上分布有运营状态显示器、操作指南、触摸显示界面、硬币投入口、纸币投入口、储值票插卡口、单程票出票口、纸币/硬币找零口、打印输出口等组件。同时配有清晰的图案或文字提示,方便乘客进行相关操作。

运营状态显示器可显示设备的运行状态、系统时钟、地铁发布的信息等。

乘客显示器能够显示线路、票价信息及操作提示等内容,并可通过触摸屏进行操作的确认。

运营状态显示器和乘客显示器还可根据所配置的参数来定时显示设定的信息。在设备空闲时间,可以播放预先录制的影音片段,如本系统使用方法及操作指南、地铁公司通告或宣传片、公益广告等。当有乘客接近设备时,安装在前面板的人体传感器可立刻发出信号,TVM自动中断影音片段的播放或重新点亮乘客显示屏待机界面。

2）面向运营的功能

①状态监视功能。TVM 能够监视并记录设备的运营状态、钱箱及票箱的状态及容量等信息，并可将上述信息定时上传至 SC 或 CC。

②票务审计功能。TVM 设备会定期或实时将寄存器的变化发送给 SC，通过对这些寄存器的统计可以得到相关报表，从而实现对票务业务的各类审计功能，包括财务审核、卡累计计数、故障审核等。

③离线工作功能。设备能够在离线状态下工作。当 TVM 与 SC 之间的通信中断时，设备能够正常工作，进行正常的交易操作，保存详细的交易数据、状态信息及通信数据。当通信恢复后，重新进行与 SC、CC 之间的数据交换，将离线状态下所产生的设备交易数据及设备状态信息上传至 SC、CC，同时将设备离线前未能及时上传的数据继续进行上传。

④报警功能。当有人非法开启设备机柜门进入 TVM，或非法移动票箱、钱箱，设备的蜂鸣报警装置将被启动，发出声光报警，同时 TVM 会立刻将非法侵入信息上传给 SC、CC。

⑤断电保护。TVM 内部配置不间断电源（UPS）。当场地电源出现异常或断电时，TVM 会即刻切换到 UPS 供电，以保证当前交易的完整进行。通过不间断电源（UPS）可保证设备完成最后一笔交易并保存数据。不间断电源（UPS）还具有稳压、滤波、防浪涌等电源净化的功能，对设备起到一定的保护作用。

⑥单据打印。TVM 配置了一台高速热敏打印机，通过自带的字库，可打印出字符、汉字或图形。单据打印机可用来打印充值交易凭证、维护维修信息，以及结账信息等内容。乘客持打印出的充值交易凭证可到车站服务中心换取充值发票。操作员持打印的结账信息可进行现金、票务、账务的核对。

（4）自动售票机工作原理

自动售票机工作原理分为售票、充值。

1）售票

乘客进入购票界面，选择目的车站，界面显示需要的车票，主控单元发送命令到纸币接收模块及硬币模块，纸币接收模块投币口、硬币模块投币口打开。当乘客投币金额大于等于所需金额，投币口关闭，界面确认购票。主控单元发送出票命令到读写器，读写器将票卡信息发送至票卡发售模块，票卡发售模块进行出票动作。如有找零情况，纸币找零模块、硬币模块为乘客进行找零动作。

2）充值

乘客进入充值界面后，主控单元通过 I/O 控制板发送储值卡槽电磁铁打开命令。乘客插入充值卡后，自动售票机读写器对充值卡信息进行读取，主控单元发送命令到纸币接收模块，纸币接收模块投币口打开。当乘客投入充值金额后，主控单元发送充值命令到读写器，读写器对充值卡进行赋值，纸币接收模块对充值钱款进行压箱动作。乘客界面进入打印界面，当乘客需要打印凭证时，主控单元发送命令到打印机模块，打印机开始打印凭条。

3.1.2　自动检票机原理及功能介绍

（1）自动检票机定义

自动检票机（Automatic Gate Machine，AGM）设置在付费区与非付费区的交界处，是乘客在付费区与非付费区之间进出时自动验票和放行的自动检票设备。

进站自动检票机在乘客从非付费区进入付费区时完成自动验票和放行，出站自动检票机在乘客从付费区到非付费区时完成自动验票和放行，双向自动检票机和宽通道双向自动检票机兼有进站和出站的功能。自动检票机分为：进站自动检票机、出站自动检票机、双向自动检票机和宽通道双向自动检票机4种，如图3-2所示。

图3-2　自动检票机示意图

（2）自动检票机主要组成

自动检票机主要由主控单元（ECU）、乘客传感器、读写器、车票回收模块、扇门模块、乘客显示器、蜂鸣器、方向指示器、维修键盘、电源模块、不间断电源（UPS）及机壳等模块及组件构成。

（3）自动检票机功能

1）面向乘客的功能

AGM的读卡区设计符合乘客右手持票通过的习惯。AGM通过安装在读卡区域的提示灯来表示当前读卡器的状态。如果在读卡器检测区域内存在2张以上的车票，AGM将不进行处理，也不允许通行。

在正常服务模式下，AGM方向指示器和乘客显示器显示允许乘客使用的信息。当车票接近AGM读写器读写范围时，AGM票卡处理单元通过读写器读取车票上的有关信息，依据车票的编码信息和系统参数设置，针对不同的票种、进/出站状况，对车票的有效性进行检查。

①检票进站。乘客检票进站时，若乘客车票检查有效，AGM在车票内写入相关进站信息，并对写入的数据进行校验后，做允许通行处理。若车票检查无效，AGM不在车票写入

任何信息,做禁止通行处理。

②检票出站。乘客检票出站时,若乘客车票检查有效,AGM 在车票内写入相关出站信息,并对写入的数据进行校验后,做允许通行处理。若车票检查无效,AGM 不在车票写入任何信息,做禁止通行处理。对于无须回收的有效车票在通过出站 AGM 或双向 AGM 出站时,扣除相应的资费或乘次,并将车票的余额或乘次信息在乘客显示器上显示,如车票无效则提示乘客到票务处进行相关处理。对于需要回收的有效车票,在通过出站 AGM 或双向 AGM 出站时回收,如果车票无效传送到退票口并停留在退票口处,乘客显示屏显示车票无效,同时发出声光提示乘客将车票取走。

③乘客通行控制。AGM 成功读取乘客票卡后,在乘客通行过程中 AGM 还需要对显示屏、警报提示灯、通行指示器等部件进行控制,下面对 AGM 处理乘客各种通行的情况进行说明。

当闸机判断为有效票时允许乘客正常进、出站,判断为无效票时则不能正常进、出站。需要到票务中心进行处理。

连续处理乘客票:

对有效乘客同一方向的通行可以连续处理,按已连续处理乘客票的数量允许相应数量的乘客通行。

允许儿童免费通行:

允许身高在 130 cm(可按实际需求进行调整)以下的儿童在成人带领下免费通行。

禁止持发生无效操作车票的乘客通行;禁止持无效车票的乘客通行;禁止无票乘客通行;禁止车票处理过程中无票乘客通行,紧随有效乘客的无票乘客通行,与有效乘客逆向的无票乘客通行;禁止持过期票、余额不足票(根据票务参数规则)的乘客通行;禁止持同一张票的乘客连续进站、出站;禁止超时(根据票务参数规则)逗留的乘客通行;禁止持黑名单车票的乘客通行;当发生卡读取错误,或写入错误时,禁止通行。

判定为无效操作时,关闭门,禁止乘客通行。乘客从 AGM 的通道中退出,门的状态设定为常关时,维持关闭门的状态;门的状态为常开时,打开门。

判定为无效票时,显示禁止进入的向导画面,乘客从 AGM 的通道退出以后画面消失,向乘客显示操作向导画面;显示 AGM 的操作状态(服务中或暂停服务);将车票的判定结果作为向导画面进行显示;将乘客的操作通知站务员;乘客使用无效票或特殊票时,通过灯光和警报通知站务员;乘客强行打开门的时候,通过警报通知站务员。

只受理储值票;票箱满或废票箱满不能再回收车票时,出站 AGM 只受理储值票;如果是持单程票,则不允许该乘客通过。

2)面向运营的功能

①运营开始。当 AGM 开机、接收到 SC 下达的运营开始命令或达到运营时间表设定的运营开始时间时,AGM 进行运营开始业务,当运营开始业务成功执行后 AGM 才可以进入正常运营的状态。AGM 运营开始业务需要完成如下工作:

设备自检:各部件模块的初始化,发生故障时进行自动恢复处理,无法自动恢复的故障需要记录故障业务数据并上报 SC。

时钟同步：与 SC 进行时钟同步。

参数/软件下载：与 SC 进行参数/软件同步，如果将来参数/软件版本的启用日期到达则启用新的参数/软件版本（如果必要，需重新启动 AGM 系统并重新进行运营开始业务）。

控制指令响应：接收并执行 SC 下发的控制数据（服务模式设置、24 h 运营模式设置等控制指令）。

检查运营日：检查运营日，若需要则更改运营日。

状态通知：向 SC 发送设备当前状态。

记录日志：根据需要记录必要的操作日志。

②运营结束。当 AGM 到达运营时间表规定的运营结束时间、收到 SC 下发的运营结束控制命令或者 AGM 操作员通过维护界面执行运营结束时，AGM 进行运营结束业务。

AGM 运营结束是设备结束该运营日运营、清理数据，为第二天运营作准备的功能。当在非 24 h 运营时，AGM 运营结束后将进入暂停服务模式，直到接收到 SC 下发的休眠或关机指令关闭主控系统；如果在非运营时间内（运营结束至下次运营开始的时间段）由操作人员手动进行开机，AGM 将保持关机前的暂停服务模式。

AGM 运营结束业务需要完成如下工作：

时钟同步：与 SC 时钟同步，详细参见时钟同步。

数据结算：上传审计数据供 SC 进行数据上传完整性审计、补发数据、生成运营结束业务数据并保存、上传运营结束业务数据、寄存器数据和日志数据。

备份重要数据：包括交易数据、业务数据等。

清理过期数据：根据数据清理规则，清理过期数据。

③执行运行时间表。当运行时间表中有计划任务到达执行时间时，AGM 可以自动执行计划任务，并向 SC 上报执行结果，根据需要记录必要的操作日志。

④数据审计。AGM 产生的所有交易数据、业务数据将自动、实时地组包上报至 SC。SC 通过 AGM 上报的"时间间隔记录数量"信息（包含指定时间间隔内 AGM 发送的所有交易、业务数据包的标识信息及包中记录数）与实际收到的交易/业务数据包进行核对，以审计 SC 与 AGM 之间数据传输的一致性和完整性，如出现不一致的情况，则要求 AGM 补传遗漏的数据包。

AGM 的主控单元中设有电子形式且不可复位的数据寄存器，用于记录所有 AGM 交易过程中对各种车票的处理张数、交易金额等统计数据。SC 通过 AGM 上报的这些寄存器数据与先前收到的交易数据进行核对，以审计 AGM 交易数据准确性。

⑤操作员登录。AGM 操作员进行设备维护时，必须进行身份、权限认证。授权的操作员可通过输入操作员编码、密码登录 AGM 进行维修维护操作。AGM 验证操作员密码并进行权限检查，只允许操作员执行具有合法授权的功能。

当 AGM 还未从 SC 下载操作员权限参数时，将进入默认权限，可以对 AGM 基础信息进行维护。

⑥操作员登出。已登录的操作员在完成 AGM 维护工作后，可选择退出登录。当操作员登出后，AGM 界面返回至操作员登录界面，等待操作员再次登录。

⑦票箱更换。票箱更换包含票箱卸下、票箱安装功能,授权操作员登录 AGM 后,可以选择票箱安装/卸下的功能。票箱安装/卸下功能将会改变操作员手中票卡库存以及设备上票卡库存。

当选择票箱安装功能后,操作员根据提示信息将票箱安装到 AGM 上,AGM 检查票箱合法性,根据需要记录必要的操作日志,保存票箱安装业务数据,更新 AGM 状态并向 SC 上报状态变更数据。

当选择票箱卸下功能后,AGM 保存票箱当前状态并将当前状态写入票箱电子标签。操作员根据提示信息将票箱从设备上卸下。根据需要记录必要的操作日志,保存票箱卸下业务数据,更新 AGM 状态并向 SC 上报状态变更数据。

⑧票箱报警。当 AGM 监控到票箱异常时,应向 SC 进行报警。生成报警业务数据、记录必要的日志、更新 AGM 状态并向 SC 上报状态变更数据。

票箱异常包括:

AGM 监控到票箱没有按照正常流程进行安装或者卸下的非法操作。

AGM 开机自检时,检查出票箱不是上次关机时留在 AGM 上的票箱。

运营过程中,票箱中票数量达到预先设定的票箱将满/满容量参数设定值时。

⑨交易查询。授权操作员登录 AGM 后,可以逐条查询 AGM 最近的交易信息(可查询记录条数由系统参数设定),以确认是否存在票卡处理错误或失败的情况及其原因。

⑩系统状态查询。授权操作员登录 AGM 后,可以查询 AGM 全部系统状态。

⑪查看数据传输情况。授权操作员登录 AGM 后,可以查询 AGM 数据(含交易数据和业务数据)传输情况,以确认是否存在未上传的数据。

⑫设置运营模式。授权操作员登录 AGM 后可以查询、设置当前的运营模式。

AGM 检查并成功设置当前的运营模式后,AGM 将依据操作员指定的运营模式进行进出站处理。

仅当 AGM 脱机时,才允许操作员对运营模式进行设置。

⑬设置服务模式。授权操作员登录 AGM 后,可以设置 AGM 当前的运行模式。运行模式设置成功后,AGM 依据操作员指定的服务模式运行并将模式变更通报 SC。

AGM 可设置为正常服务模式、暂停服务模式。

仅当 AGM 脱机时,才允许操作员对服务模式进行设置。

⑭设置 24 h 运营模式。授权操作员登录 AGM 后,可设置是否开启 24 h 运营模式。24 h 运营模式成功设置后,将模式变更通报 SC。

开启 24 h 运营模式后,AGM 将持续运行,其间不执行运营开始和运营结束流程,仅在运营日切换时完成必要的时钟同步、参数同步、统计、系统清理等工作。

取消 24 h 运营模式后,AGM 将重新按照运行时间表定时执行结束营业流程和开始营业流程。

仅当 AGM 脱机时,才允许操作员对 24 h 运营模式进行设置。

⑮设置延长运营时间。授权操作员登录 AGM 后,可设置延长运营时间参数,将当日结束营业时间临时推迟至指定时刻,延长后的当日结束营业时间不得超过次日的开始营

业时间,在延长运营期间当前运营日不变化。次日的结束营业时间将自动恢复到系统运行时间表规定的时刻。

仅当 AGM 脱机时,才允许操作员对延长运营时间进行设置。

⑯设置通道模式。授权操作员登录 AGM 后,可以设置 AGM 的通道模式。通道模式设置成功后,AGM 依据操作员指定的通道模式指示乘客通行并将通道模式变更通报 SC。

AGM 可设置为进站模式、出站模式、进出站双向模式。仅有双向 AGM 允许进行进出站双向模式设置。仅当 AGM 脱机时,才允许操作员对通道模式进行设置。

⑰设置扇门工作模式。授权操作员登录 AGM 后,可根据客流情况,设置 AGM 的扇门工作模式。扇门工作模式设置成功后,AGM 依据操作员指定的扇门工作模式控制扇门,并将扇门工作模式变更通报 SC。

AGM 可设置为常开模式和常闭模式。仅当 AGM 脱机时,才允许操作员对扇门工作模式进行设置。

⑱检查参数版本。授权操作员登录 AGM 后,可以查看 AGM 当前下载和使用的各类参数(含票价表等关键参数)版本信息,以确认 AGM 使用了正确的参数进行工作。如参数版本有误,由维修人员进行后续处理。

⑲检查软件版本。授权操作员登录 AGM 后,可以查看 AGM 当前下载和使用的各类软件(含 TPU)版本信息,以确认 AGM 使用了正确的软件进行工作。如软件版本有误,由维修人员进行后续处理。

⑳紧急按钮控制。AGM 连接紧急按钮,当紧急按钮启动或解除紧急模式时,AGM 立即响应该指令,进入或退出紧急模式。

(4)自动检票机工作原理

自动检票机工作原理分为检票进站、检票出站。

1)检票进站

乘客检票进站,自动检票机读写器对票卡信息进行读取并对票卡写入相关进站信息。主控单元对写入的数据进行校验后,发送通行命令至通行逻辑控制板。通行逻辑控制板发送通行信号至扇门模块,扇门模块通过传感器信号对门扇进行通行控制。

2)检票出站

乘客检票出站,当刷卡出站时,自动检票机读写器对票卡信息进行读取并对票卡写入相关出站信息。主控单元对写入的数据进行校验后,发送通行命令至通行逻辑控制板。通行逻辑控制板发送通行信号至扇门模块,扇门模块通过传感器信号对门扇进行通行控制;当投票出站时,票卡回收模块投票口检测到票卡,投票口电磁铁打开。票卡经过读写器天线板读取相关信息,读写器将票卡信息上传主控单元,主控单元发出票卡回收指令并发送通行命令至通行逻辑控制板。票卡回收模块对票卡进行回收,通行逻辑控制板发送通行信号至扇门模块,扇门模块通过传感器信号对门扇进行通行控制。

3.1.3 票房售票机原理及功能介绍

(1)票房售票机定义

票房售票机(Booking Office Machine, BOM)设置于站厅的票厅内,由客运人员操作,能处理地铁车票和城市"一卡通"车票。操作员通过票房售票机对车票进行发售、分析、无效更新、充值、替换、退款、交易查询。同时,通过票房售票机,可对发售预赋值车票进行记录,处理车站乘客投诉,对票务管理/行政收款进行记录等处理,如图3-3所示。

图 3-3　票房售票机示意图

(2)票房检票机主要组成

票房售票机主要由主控单元(ECU)、单程票发售模块、外置读卡器、单据打印机、操作员显示器、乘客显示器、操作及输入设备、电源模块、不间断电源(UPS)及模块内线缆等组成。

(3)票房检票机功能

1)面向乘客功能

①售票。操作员通过半自动售票机向乘客发售单程票、纪念票、计次票等。操作员根据票种,在BOM的操作员操作画面指定所需要的信息。BOM自动判断如何发售车票后,将指定的参数写入发售的车票内,发售车票种类包括单程票、出站票、老人优惠票、乘次票、纪念票、员工票、储值票等。

②充值。当储值票等票卡余额不足时,乘客可以在BOM上进行充值。乘客提出给票进行充值时,操作员选择充值处理,将票放在外置读卡装置的感应区。充值票卡一般包括储值票等。

BOM在充值时,将生成包括票的逻辑卡编号、票种、票的属性信息、操作员编号、操作时间、充值金额等信息的交易数据。BOM将交易数据发送到SC,并与BOM内部收集的统计信息进行合计计算,更新BOM内部审计信息和寄存器信息。离线状态时,交易数据作为未传送数据保留在BOM内,待在线时发送给SC。

③补票。当票卡因为进出站标记不正确、超时、超程、余额不足、车票损坏而无法正常进出站时,可以通过BOM进行补票处理。补票时,BOM根据地铁票务部门制定的票务规

则计算补票金额和手续费。补票处理后,BOM 生成交易数据,更新操作员的审计信息和设备审计信息。操作员可根据乘客要求打印凭证。

④退款。退款分为即时退款和非即时退款。BOM 在退款处理前对车票进行分析,检查车票的有效性和状态,通过票种的设定参数来判定可否退款。对可以读取票内部的编码信息,满足即时退款条件的票,进行即时退款处理;对不满足条件的票进行非即时退款。

⑤替换。替换分为即时替换和非即时替换。当车票票面陈旧、污损、无法正常读取等原因需要替换时,乘客可以到 BOM 处进行。进行车票或票卡替换,根据地铁票务规则交纳成本费(卡成本费)和手续费。

⑥激活。BOM 可以对超过有效期的票卡进行延长有效期处理。当有乘客申请激活处理时,操作员选择激活处理,将票放到读取装置的感应区域,BOM 先对其进行有效性检查,对确认为能正常读取且为非黑名单的票,延长其有效期时间。操作员可根据乘客要求打印激活凭证。

⑦抵销。操作员可以通过 BOM 对未售完的预售单程票进行抵销处理。预制票未售完产生剩余的时候,操作员选择抵销处理,将票放到读取装置的感应区域,BOM 先对票进行有效性检查,票有效时卡 ID 将在操作员显示器上显示出来,确认显示出票的 ID,按下确认键,即生成抵销处理的交易信息,发送给 SC。如果不是当天、当站的预制票,BOM 将显示其为非抵销处理对象,终止对该票的抵销处理。

⑧分析。BOM 在查询时,将生成包括票的逻辑卡编号、票种、票的属性信息、操作员编号、操作时间、充值金额等信息的交易数据。BOM 读取要分析车票内的信息,根据车票种类及用途对该票进行相应的分析,将分析结果及票内的历史交易记录、票内余额显示并打印给乘客。如果乘客对查询结果产生疑问,操作员可通过界面输入车票编号,向 PACC 系统查询票的余额、使用记录及车票状况等,供乘客参考,必要的话,可以将结果打印输出。

⑨故障退款。当 TVM 故障,需向乘客退款时,可以通过 BOM 进行乘客退款处理。操作员在 BOM 上办理退款时,输入 TVM 的故障单的凭证号和 BOM 退款金额,并请乘客在打印的接收凭证上签字。BOM 在办理故障退款时,将生成包括票的逻辑卡编号、票种、票的属性信息、操作员编号、操作时间、充值金额等信息的交易数据。BOM 将交易数据发送到 SC,并与 BOM 内部收集的统计信息进行合计计算。

2)面向运营功能

①运营开始。运营开始是 BOM 通过系统约定的程序进入可以正常运营状态的功能。每天进入运营开始时,设备要进行自检、时钟同步、参数自动下载、状态通知、记录日志等。

②运营结束。运营结束是 BOM 结束该运营日运营,清理数据,为第二天运营做准备的功能。每天运营结束后,设备自动进行时钟同步、整理数据、备份重要数据、清理过期数据等。

③延长运营时间。授权操作员登录 BOM 后,可设置延长运营时间参数,将当日结束营业时间临时推迟至指定时刻,延长后的当日结束营业时间不得超过次日的开始营业时间。在延长运营期间当前运营日不变化。次日的结束营业时间将自动恢复到系统运行时间表规定的时刻。

④销售信息时间。授权操作员可以查询站务员个人处理数据或当天自启动时开始的处理数据。

⑤操作员结账。授权操作员在班次结束或者运营结束时可在 BOM 上进行结算操作。

⑥BOM 登录。BOM 操作时,操作员需要登录到 BOM 的主功能界面,BOM 对操作员的 ID 和密码进行验证,并验证操作员是否具有相应的权限。当 BOM 与 SC 连接时,BOM 向 SC 发送操作员登录请求,由 SC 验证操作员是否锁定、停用、重复登录等,BOM 接收 SC 的反馈结果,决定是否允许操作员登录。

⑦BOM 退出。操作员交班或业务完毕时,在 BOM 上退出,该操作员的处理便结束。退出时统计该操作员的处理数据并向车站 SC 发送,同时自动打印报表。

⑧系统状态查询。授权操作员登录 BOM 后,可查询 BOM 全部系统状态。可以通过状态查询的信息包括查询设备设置信息、与上位的连接状态、服务模式、部件状态、销售统计信息、数据传输情况、参数版本信息、软件版本信息。

⑨票箱安装。授权操作员可以对设备进行票箱安装操作。说明:票箱安装功能将会改变操作员手中票卡库存以及设备上票卡库存。

⑩票箱卸下。授权操作员可以对设备进行票箱卸下操作。

⑪票箱报警。当票箱异常时,会发出报警声。

以下几种情况将会发生报警:

A.BOM 监控到票箱没有按照正常流程进行安装或者卸下的操作。

B.BOM 开机自检时,检查出票箱不是上次关机时留在 BOM 上的票箱。

C.票箱监控,可监控 BOM 票箱满(参数设定值)、空或将空(参数设定值)状态,并能即时传送到 SC。

⑫离线数据上载。BOM 运营中发生断网运营情况下,BOM 会自动保存最近 30 天的运营数据,当网络恢复后进行数据重复上传。

3)面向维修功能

①配置信息设置。AFC 维护员在 BOM 可设置的配置信息包括线路代码、车站代码、本机号码、本机 IP 地址、掩码、网关地址、SC 地址、SC 端口、FTP 地址、FTP 端口等。

②修改时钟。AFC 维护员和操作员可手动设定 BOM 的日期及时间。正常运行时,BOM 定期与 SC 进行 NTP 时钟同步。

③软件导入。授权操作员登录 BOM 后,可使用外部存储设备在 BOM 上导入软件。操作员连接外部存储设备,BOM 对外部存储设备进行认证后,提示操作员确认操作,操作员确认后,BOM 导入软件并完成软件的更新。

④参数导入。授权操作员登录 BOM 后,可使用外部存储设备在 BOM 上导入参数。操作员连接外部存储设备,BOM 对外部存储设备进行认证后,提示操作员确认操作,操作员确认后,BOM 导入参数并完成参数的更新。

⑤数据导出。授权操作员登录 BOM 后,可使用外部存储设备在 BOM 上导出数据。操作员连接外部存储设备,BOM 对外部存储设备进行认证后,提示操作员确认操作,操作员确认后,BOM 将数据导出到外部存储设备。

⑥管理卡认证。当设备无法连接 PACC 认证中心时,操作员可持 PACC 提供的认证管理卡进行 ISAM 卡认证。操作员将管理卡放置到读卡区,操作员确认进行认证,BOM 调用一票通专用认证函数,对 ISAM 卡进行认证,并向操作员提示认证结果。

⑦ISAM 卡认证。BOM 执行售票、充值业务前,必须进行 ISAM 卡签到。BOM 调用 PACC 专用授权 API 接口函数进行 ISAM 签到处理,保存业务数据、日志数据。

⑧ISAM 卡签退。BOM 执行运营结束时,需 ISAM 卡签退并统计本次签到签退期间产生的交易审计数据。BOM 调用 PACC 专用授权 API 接口函数进行 ISAM 签退处理,统计本次签到签退期间产生的交易审计数据,保存业务数据、日志数据。

⑨ISAM 卡领用。BOM 首次安装 ISAM 卡时,需执行 ISAM 卡领用功能后方可正常使用该 ISAM。BOM 从 TPU 获取 ISAM 卡号,按照 PACC 规定和参数,连到认证中心,发送 ISAM 领用数据包,保存业务数据、日志数据。

⑩ISAM 卡更换。BOM 更换 ISAM 卡时,需执行 ISAM 卡更换功能后方可正常使用该 ISAM。BOM 从 TPU 获取 ISAM 卡号,连接到认证中心,发送 ISAM 更换数据包,保存业务数据、日志数据。

(4)票房售票机工作原理

票房售票机工作原理分为:售票、充值。

1)售票

当乘客提出购票需求后,操作员依据乘客需求进入购票界面,界面选择目的车站,界面确认购票,主控单元发送出票命令到读写器,读写器将票卡信息发送至票卡发售模块,票卡发售模块进行出票动作。

2)充值

当乘客提出充值需求后,操作员将乘客充值卡票房售票机放置读写器,读写器对充值卡信息进行读取,将票卡信息反馈至主控单元,主控单元将票卡信息通过乘客显示器面乘客。当操作员确认充值金额后,主控单元发送充值命令到读写器,读写器对充值卡进行赋值,读写器将赋值信息反馈至主控单元,主控单元发送命令到打印机模块,打印机开始打印凭条。

3.1.4 自动查询机原理及功能介绍

(1)自动查询机定义

自动验票机安装在地铁车站非付费区,供在轨道交通内使用的地铁专用票及城市"一卡通"的自助查询验票及发布地铁通知信息等服务,英文全称 Ticket Checking Machine,简称 TCM。自动验票机操作界面采用触摸屏操作方式,由 CC 下载乘客服务信息,可以回溯车票内记录的使用历史,包括票种、购票时间、进站时间、出站时间、进站地点、出站地点、扣费金额、剩余金额、有效期等,每笔交易信息应逐条显示,对有问题的交易记录应可以醒目的提示。自动验票机在进行车票查询时,能对车票的有效性进行检查,如有问题能显示原因,并提示乘客去票房售票机处处理,如图 3-4 所示。

图 3-4　自动查询机示意图

（2）自动查询机主要组成

自动查询机主要由主控单元（ECU）、车票读写模块、乘客显示器、电源模块、不间断电源（UPS）、维修键盘及鼠标等组成。

（3）自动查询机功能

1）面向乘客的功能

①车票基本信息及交易信息查询。乘客在 TCM 的感应区进行刷卡，TCM 开始识别票卡，如果不是系统内的票卡或者无法识别的票卡，TCM 给出错误信息。如果能识别票卡，TCM 显示票卡内容并生成业务数据。

自动验票机提供在轨道交通内使用的所有车票的自助查询服务。乘客可以查询车票的基本信息和回溯车票内的历史交易记录（包括票种、购票时间、进站时间、出站时间、进站地点、出站地点、扣费金额、剩余金额、有效期等），车票交易历史记录数可通过参数设置，默认为 5 笔交易记录；每笔交易信息逐条显示；对有问题的交易记录以醒目的色彩显示；可对车票有效性进行检查，如交易记录有问题，将显示原因并提示乘客到半自动售票机处理。

②票价信息查询。以 TCM 所在车站为起点站，由乘客选择目的地站，TCM 给出这两个站之间的单程票票价。

③线路信息查询。乘客选择地铁线路，TCM 显示该线路首末车发车时间信息和该线路各车站站名和换乘标志信息。

④客户服务信息显示。在无乘客操作期间，TCM 显示 CC 设置的线路公告信息。

2）面向运营的功能

①远程唤醒。操作员在 SCWS 上通过权限认证后，指定 TCM 进行远程唤醒，TCM 进行启动和开机流程，如果开机失败，则进入暂停服务状态，故障信息上报给 SC。

②登录/退出登录。维修员在乘客初始界面按顺序点击隐藏按钮后，TCM 显示维修员登录界面。维修员只有通过身份认证才能进入 TCM 维护界面执行维护维修操作。维修员在完成维护维修操作后应退出登录，TCM 返回乘客初始界面。

维修员登录后长时间未执行任何操作，TCM 自动退出登录返回乘客初始界面。无操作等待时间由参数设定。

③服务模式。TCM 接收 SC WS 发出的暂停服务、开始服务、休眠、唤醒、关闭命令，并

按照命令改变本设备工作状态。

当 TCM 工作状态改变时,TCM 向 SC SVR 发送设备状态变更报告。车站工作人员可以通过 SC WS 监视 TCM 工作状态。

④运营开始。自动验票机的运营开始可由 SC 运营开始后通过 SC 命令远程控制启动或依据运行时间表控制启动;当通信中断时,操作员可通过自动查询机的启动开关进行手工启动。

查询机运营开始的流程如下:与 SC 进行时钟同步;与 SC 进行参数及软件同步,获取最新的参数及软件,如黑名单卡、模式履历表等;若存在未上传的数据则进行补发处理。

⑤运营结束。自动验票机的运营结束按照该设备的自动运行时间表的配置进行自动启动。如果运营时间表被指定失效,需要在 WS 上执行人工触发;如果断网,则在设备维修面板上执行运营结束,执行该功能,需要验证操作人员的操作权限。

运营结束完成的工作包括:

a.自动验票机生成运营结束业务数据并保存该数据。

b.自动验票机运营结束的流程如下:与 SC 进行时钟同步;查询机向 SC 上传查询人数统计数据、设备运行数据,上传未上传的业务数据,上传传输审计数据。

c.响应上位补发交易数据和业务数据的指令,清理过期数据。

d.关闭操作系统和设备电源。

⑥设备监控。在网络正常且自动验票机的设备状态发生变化时,及时上报设备状态变化数据给 SC;网络重新连接时,上报全部状态给 SC。

如果设备发生故障,则需要将故障数据保存在本地,同时把故障数据上报给 SC。

⑦时钟同步。在网络通信正常的情况下,TCM 终端设备定时自动执行时钟同步。但是如果自动时钟同步服务没有启用,可以通过发送命令强制进行时钟同步,并启动自动时钟同步服务。在与车站计算机通信中断的情况下,方可人工修 TCM 的时钟。

3)维护管理功能(工作人员使用功能)

自动验票机的显示器上设置有 6 个隐蔽按钮,系统对它们分别设置了 6 个编号:0、1、2、3、4、5,维修人员按配置文件设置的点击顺序点击这 6 个按钮,如果操作正确(按照预设的顺序点击 6 个隐蔽按钮),自动验票机显示器上会自动显示维护登录界面。在操作员编号和密码输入区域内,使用屏幕提供的数字软键盘输入操作员编号和密码后按下"确定"键即可进入维护管理界面。

隐蔽按钮的编号顺序,操作员编号和密码均可通过工作站设置并下发到 TCM 设备。

①运行统计信息显示。统计信息界面可以分页显示运行统计信息。

具体信息数据项包括票卡类型、票种、票卡编号、查询内容、查询时间等。

②机器设置。机器设置界面可以设置本机的通信配置信息,设置内容:本站编码、本机编码、本机 IP、子网掩码、网关地址、SC—IP、SC 端口、FTP 端口。

③数据导入导出。数据导入:通信中断时,操作员可以通过数据导入界面将存储在 TCM 的外部介质的参数或程序文件导入到自动验票机系统内并启用。

数据导出:通信中断时通过数据导出界面可以导出指定时间段、指定类型的运行数据到外部媒体。

④系统关机。在系统维护功能界面按下"系统关机"按钮后可关闭 TCM 系统。在关闭 TCM 系统前执行运营结束流程。

（4）自动查询机工作原理

自动查询机工作原理为查询。

当乘客对所持票卡放置自动查询机读写器后，读写器对票卡信息进行读取并生成业务数据反馈至主控单元，主控单元将票卡使用信息通过乘客显示器向乘客显示。

3.1.5　手持式验票机原理及功能介绍

（1）手持式验票机定义

便携式检/验票机（PCA）是一种离线式检票设备，由车站站务员或稽查人员手持，对乘客使用的电子车票进行扣款、验证和记录；为乘客提供进站检票、出站检票服务，以及在不同区域（付费区/非付费区）之间提供移动验票服务。便携式检/验票机可以读写轨道交通的专用票和一卡通票的数据，在客流高峰时或自动检票系统出现故障时缓解自动检票机的工作压力。

手持式验票机如图 3-5 所示。

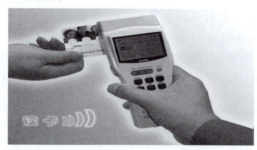

图 3-5　手持式验票机示意图

（2）手持式验票机功能

1）面向乘客的功能

①验票功能。当 PCA 处于票卡有效性分析工作状态时，将票卡置于 PCA 票卡读写区，PCA 读取车票信息并进行票卡有效性分析，处理结果通过 PCA 显示屏显示。显示以下内容：

票卡有效性分析结果：故障车票（票卡信息读取失败）、锁定车票、黑名单车票、有效期过期车票、余额不足车票。

票卡信息：车票 ID、车票种类、车票剩余金额、车票使用有效期。

②票卡上一次交易查询。PCA 处于票卡交易历史查询工作状态时，将票卡置于 PCA 票卡读写区，PCA 读取车票交易历史信息并显示最近一次的车票交易信息，内容包括：交易时间、交易设备 ID、交易类型（进站/出站/充值）、交易金额、交易后余额。

2）面向运营的功能

①数据传输功能。PCA使用完毕,车站站务员持PCA至SC WS提交审计数据和日志。具体过程如下:

a.PCA与SC WS之间建立通信连接。

b.SC WS下发PCA停用命令,PCA按照命令设置停用标志,并进入非服务状态。

c.PCA将本机审计数据和日志上传到SC WS,数据经由SC WS上传至SC SVR。

②参数软件下载。PCA在使用前需要至SC WS处进行PCA启用处理,具体如下:

a.下载PCA工作期间必须使用的参数,如黑名单等。

b.若存在新版本PCA设备软件则自动完成软件的下载与更新。具体过程如下:

a.PCA与SC WS建立通信连接。

b.PCA接收SC WS时钟设置命令,修改本机时间。

c.SC WS从SC SVR选用参数数据文件,并发送给PCA解析保存。

d.SC WS命令PCA报告当前软件版本信息。若与AFC系统发布的PCA软件版本不一致,则SC WS下载PCA软件文件并发送给PCA。PCA接收软件文件后自动完成更新。

e.SC WS下发PCA启用命令,PCA按照命令设置启用标志,并进入服务状态。

(3)手持式验票机工作原理

手持式验票机工作原理为验票。

将乘客票卡置于手持式验票机票卡读写区,手持式验票机读写器读取车票信息并进行票卡有效性分析,处理结果通过手持式验票机显示屏显示。

任务 3.2　站级设备维修维护工器具使用

3.2.1　站级设备维修维护常用工器具

(1)站级设备维修维护常用工器具

站级设备维修维护常用工器具可分为个人工器具及工班工器具。个人工器具主要包括十字型螺丝刀、一字型螺丝刀、活动扳手、多功能巡检电筒、尖嘴钳、普通型测电笔、镊子、内六角扳手组套等,由个人自行保管。工班工器具主要包括万用表、兆欧表、网络测试仪等,由工班统一管理。

(2)站级设备维修维护常用工器具的使用方法及注意事项

1）机械工器具的使用方法及注意事项(如十字型螺丝刀)

①应根据维修的设备选择型号合适的十字型螺丝刀。

②使用时应逐渐加大力度,切勿突然用力过大造成螺丝滑丝。

2)仪器仪表工器具使用方法及注意事项(如万用表、兆欧表等)

①万用表。

a.被测电阻应从电路中拆下后再测量;

b.两只表笔不要长时间碰在一起;

c.两只手不能同时接触两根表笔的金属杆或被测电阻两根引脚,最好用右手同时持两根表笔;

d.长时间不使用欧姆挡,应将表中电池取出。

②兆欧表。

a.禁止在雷电时或高压设备附近测绝缘电阻,只能在设备不带电,也没有感应电的情况下测量。摇测过程中,被测设备上不能有人工作;

b.摇表线不能绞在一起,要分开;

c.摇表停止转动之前或被测设备放电之前,严禁用手触及。拆线时,也不要触及引线的金属部分;

d.测量结束时,对于大电容设备要放电;

e.要定期校验其准确度。

3.2.2 站级设备维修维护工器具的配置

不同型号的设备需配备不同型号的工器具,站级设备维修维护工器具见表3-1。

表 3-1　站级设备维修维护工器具配备标准表

序号	工具名称	规　格	数　量	单　位	使用年限/年
1	十字型螺丝刀	刀头×刀杆=PH1×100(mm)杆径=5(mm)	5	把	5
2	一字型螺丝刀	刀头×刀杆=3×100(mm)杆径=3(mm)	8	把	5
3	一字型螺丝刀	刀头×刀杆=4×100(mm)杆径=4(mm)	4	把	5
4	一字型钟表螺丝刀	刀头×刀杆=2×75(mm)	4	把	5
5	十字型螺丝刀	刀头×刀柄=PH1×7=5(mm)杆径=5(mm)	8	把	5
6	十字型螺丝刀	刀头×刀柄=PH1×150(mm)杆径=5(mm)	8	把	3
7	十字型螺丝刀	刀头×刀柄=PH2×38(mm)杆径=6(mm)	8	把	3

序号	工具名称	规　　格	数　量	单　位	使用年限/年
8	十字型螺丝刀	刀头×刀杆＝PH0×150(mm)杆径＝3(mm)	2	把	5
9	十字型螺丝刀	刀头×刀杆＝PH2×150(mm)杆径＝6(mm)	8	把	5
10	十字型螺丝刀	刀头×刀柄＝PH2×200(mm)杆径＝6(mm)	8	把	3
11	十字型螺丝刀	刀头×刀柄＝PH3×150(mm)杆径＝8(mm)	2	把	3
12	电动螺丝批（起子机）	直径5 mm、4/3牛顿米,180 r/min	2	台	3
13	芯片起子	26810P—00574、长度:150 mm	2	把	5
14	15件套钟表螺丝刀组套	15件套	4	套	5
15	38件6.3 mm套筒扳手	3.5~14 mm	4	把	3
16	9件内六角扳手组套	1.5、2、2.5、3、4、5、6、8、10各1件	5	套	3
17	活动扳手	8″	5	把	3
18	活动扳手	6″	5	把	3
19	绝缘尖嘴钳	规格:6″长度:160 mm	8	把	3
20	剥线钳	剥线范围:0.52~5.26 mm^2	2	把	3
21	绝缘斜嘴钳	6″	4	把	3
22	钢丝钳	6″	4	把	3
23	迷你斜嘴钳	规格:4″	4	把	3
24	水晶头压接钳	6″	2	把	3
25	直口大力钳	7″	1	把	3
26	钢丝钳	8″	4	把	3
27	钢卷尺	5 m×19 mm	3	把	3
28	钢直尺	500 mm	2	把	3

续表

序号	工具名称	规　格	数　量	单　位	使用年限/年
29	镊子	长度:175 mm、直头、宽头、防滑	5	把	3
30	挑钩组套	含一支带磁加长握柄	2	套	3
31	羊角锤	规格:0.81b、长度:308 mm	2	把	5
32	防静电酒精瓶	180 mL	2	个	3
33	U 盘		3	个	3
34	兆欧表	ZC25B—3,500 V 500 MΩ	2	块	5
35	数显万用表	17B 温度测量量程:−55~400 ℃ 交流电流量程:0.1 μA~10 A	2	块	5
36	网络测试仪	能手 NS—468AT	2	个	3
37	蓄电池测试仪	SK—8515	1	个	5
38	温湿度计	指针式 温度范围(−30~50 ℃);湿度范围(20%~100%)	10	块	1
39	红外测温仪		2	把	5
40	手推工具平板车	900×600 称重 500 kg 静音	2	辆	5
41	工具包	单跨包,防水面料 315 mm×170 mm×180 mm	5	个	3
42	3 翻斗塑料工具箱	17 寸	1	个	5
43	多功能巡检电筒	高硬度合金外壳、3.7 V、2Ah、3/1W、LED 光源	6	个	5
44	自吸泵		1	台	3
45	吹风机		2	台	3
46	吸尘器		1	台	3
47	三爪吸盘	300 mm	3	个	3
48	电烙铁	502、40 W	2	个	4
49	电烙铁座	通用	2	个	4
50	全铝吸锡器	吸嘴防静电、耐高温、可更换	2	套	5
51	普通型测电笔	测量范围 100~500 V AC、长度:190 mm	5	把	5

序号	工具名称	规　格	数　量	单　位	使用年限/年
52	充磁退磁器		4	个	3
53	手持台充电器		4	个	1
54	手持台电池		3	个	3
55	微型螺丝批组套	1、2 mm 十字、一字、花头、六角、内六角	2	套	3
56	绝缘斜嘴钳	4″	4	套	3
57	一字型敲击螺丝刀	刀头×刀杆=6×100(mm)杆径=6(mm)	4	把	3
58	十字型敲击螺丝刀	刀头×刀杆=PH2×100(mm)杆径=6(mm)	4	把	3
59	十字型螺丝刀	刀头×刀杆=PH2×100(mm)杆径=6(mm)	5	把	3
60	省力钢丝钳	规格:6″	2	把	3
61	冲击钻		1	台	5

任务 3.3　站级设备日常维护方法

3.3.1　自动售票机日常维护方法

(1)自动售票机日检方法

自动售票机日检方法:检查设备外观是否完整,维修门是否锁好;观察状态显示屏显示内容,即显示是否有坏点;观察出票口挡片是否松动丢失,找零及出票口是否有异常;观察显示屏是否闪烁,检查触摸屏所选站名票价数量及金额是否正确;观察纸币,硬币投币口指示灯是否工作正常;检查纸币发卡硬币模块投入口内,出票口是否有异物;观察按钮完整性及表面。自动售票机日检流程图如图3-6所示。

(2)自动售票机月检

自动售票机月检主要对模块进行表面清洁和结构微调,使设备内部各主要功能模块的工作环境更加优良。主要检修模块有:纸币接收模块、硬币处理模块、票卡发售模块、纸

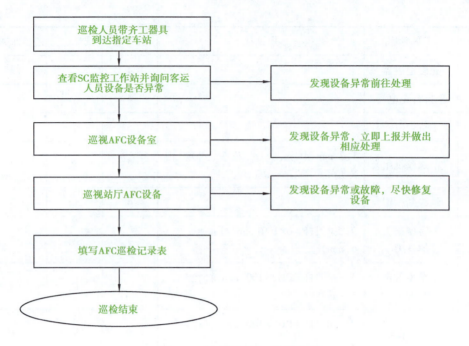

巡检人员带齐工器具
到达指定车站

查看SC监控工作站并询问客运
人员设备是否异常 → 发现设备异常前往处理

巡视AFC设备室 → 发现设备异常，立即上报并做出
相应处理

巡视站厅AFC设备 → 发现设备异常或故障，尽快修复
设备

填写AFC巡检记录表

巡检结束

图3-6 自动售票机日检流程图

币找零模块、I/O 板、工控机、TPU 功放板、UPS、电源模块及市电输入端子排整机内部钣金。

1）纸币接收模块

以 MEI 生产的 RS 232 为例，如图3-7 所示。

①用无纺布清洁纸币机外部钣金表面灰尘。

②清洁纸币机内部灰尘。

2）硬币处理模块

以三星生产的 SDS-CDU-5266 为例，如图3-8 所示。

使用无纺布与毛刷对硬币模块外部钣金进行清洁。用手触摸钣金外壳 RFID 电磁阀验币器无明显粉尘即为合格。

3）票卡发售模块

以三星生产的 SDS-CTIU-04 型号为例，如图3-9 所示。

①使用无纺布和毛刷对钣金表面进行清洁。

②使用压缩空气及毛刷对各皮轮及内部钣金进行清洁。

图3-7 纸币接收模块示意图

4）纸币找零模块（见图3-10）

①使用无纺布及毛刷对外部钣金上的灰尘进行清洁。

②传输通道部分：使用压缩空气清洁通道表面浮尘，使用无纺布清洁通道传输皮带表面残留污垢。

③使用棉签擦拭棱镜表面，确保整机表面清洁，传输皮带表面无残留污垢，棱镜表面无积灰即为合格。

图 3-8　硬币处理模块示意图

图 3-9　票卡发售模块示意图

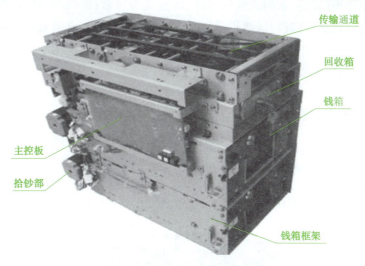

传输通道

回收箱

钱箱

主控板

拾钞部

钱箱框架

图 3-10　纸币找零模块示意图

5）I/O 板、工控机、TPU 功放板

①用无纺布清洁工控机表面。需注意除保证工控机外壳表面无明显粉尘外,还需对工控机各串口线的插头使用毛刷进行清洁。用手触摸无明显粉尘即为合格。

②I/O 板位于工控机上方,使用无纺布清洁防护板表面。

③TPU 与功放板位于工控机下方,使用无纺布对TPU 钣金外壳进行擦拭,功放板使用毛刷进行清洁。用手触摸无明显粉尘即为合格。

6）UPS

用无纺布清洁 UPS 表面积灰,确保 UPS 表面无积灰即为合格,如图 3-11 所示。

图 3-11　UPS 示意图

7）电源模块及市电输入端子

用无纺布清洁电源模块表面的浮尘，确保表面无积灰即为合格。市电接入端子排用防静电毛刷清洁。

8）整机内部钣金

用无纺布擦拭整机内部钣金表面（可清洁部分），确保内部表面无积灰即为合格。对设备内部存在的废弃物品如打印小单废纸屑等物品进行处理，确保设备内无杂物。

TVM 月检
教学视频

3.3.2　自动检票机日常维护方法

（1）自动检票机日检

巡检半自动售票机（BOM）售票机（AGM），检查设备外观是否完整，维修门是否锁好；检查扇门是否磨损或变形；扇门动作是否异常；检查闸机方向指示器，显示是否正确，亮度是否足够；观察特殊票指示灯是否正常工作；检查出闸机灯带是否闪烁；通过闯入检查发声装置是否正常。

自动检票机日检流程同自动售票机日检流程。

（2）月检

自动检票机月检主要对模块的表面进行清洁和结构微调，使设备内部各主要功能模块的工作环境更加优良。主要检修模块有扇门模块、票卡回收模块、工控机、电源模块空开、整机内部钣金。

1）扇门模块

以三星生产的 AC SECTOR DOOR Normal 280 为例，如图 3-12 所示。

图 3-12　扇门模块示意图

用无纺布清洁扇叶表面及支架部分灰尘，确保扇叶表面及支架清洁无积灰。用无纺布清洁减震弹簧部分和驱动弹簧部分。确保减震弹簧部分和驱动弹簧部分表面干净。用无纺布擦拭拨片到位开关,确保拨片到位开关表面清洁无异物。用无纺布清洁驱动电机表面浮尘,确保电机表面干净无积灰。用无纺布清洁凸轮车表面浮尘,确保凸轮表面无异物。用无纺布清洁钣金及底座表面浮尘,确保钣金及底座表面清洁无积灰。

2)票卡回收模块

以三星生产的 SDS-CTCU-04 为例,如图 3-13 所示。

图 3-13　票卡回收模块示意图

①对模块外部有积灰的地方使用无纺布进行擦拭除尘,确保模块外部清洁无积灰。

②检查模块内部的电机传输皮轮、电机传输辅助大皮轮、电机传输辅助小皮轮是否存在污渍,对存在污渍的皮轮使用无纺布和棉签(牙刷含酒精)进行擦拭清洁,确保各个皮轮干净清洁光滑即为合格(清洁回收口皮轮使用清水)。

3)工控机

除需要保证工控机外壳表面无明显粉尘外,还需要对工控机各串口线的插头使用毛刷进行清洁。用手触摸后,无明显粉尘即为合格。

4)电源模块空开

用无纺布清洁电源模块表面,用防静电毛刷清洁空开,确保表面无浮尘即为合格。

5)整机内部钣金

用无纺布擦拭整机内部钣金表面(可清洁部分),确保内部表面无积灰即为合格。对设备内部存在的废弃物品进行处理,确保设备内无杂物。

自动售检票系统
巡检流程
教学视频

AGM 月检
教学视频

3.3.3　半自动售票机日常维护方法

巡视半自动售票机(BOM),检查乘客显示屏内容及亮度,是否能清楚看到显示内容;询问客运人员、操作员液晶显示屏有否破损、花屏;询问站务人员车票处理情况及设备使用出现的异常,出现异常根据故障现象处理,如图3-14所示。

图3-14 半自动售票机示意图

1)半自动售票机日检流程

同自动售票机日检流程。

2)半自动售票机月检

半自动售票机月检主要对模块的表面进行清洁和结构进行微调,使设备内部各主要功能模块的工作环境更加优良。主要检修模块有操作员显示屏和乘客显示屏、打印机、外置读卡器、鼠标键盘、卡发售模块及发卡模块机柜。

①操作员显示屏和乘客显示屏。使用无纺布清洁操作员显示屏和乘客显示屏表面灰尘和污渍,确保表面无积灰即为合格。

②打印机。使用无纺布清洁打印机表面,确保打印机表面清洁无灰尘即为合格。用压缩空气清洁打印机内部灰尘与纸屑进行清洁,如图3-15所示。

③外置读卡器、鼠标键盘。使用无纺布及防静电毛刷清洁模块表面灰尘,确保模块表面清洁无积灰即为合格。

④票卡发售模块及发卡模块机柜。

a.使用无纺布和毛刷对钣金表面进行清洁。

b.使用压缩空气及毛刷对各皮轮及内部钣金进行清洁。

图3-15 打印机示意图

⑤BOM机柜。使用无纺布对机柜表面的灰尘进行清洁,使用无纺布及毛刷对机柜内部(工控机、UPS、电源模块等)各模块进行清洁。

BOM月检
教学视频

3.3.4 票卡查询机日常维护方法

(1)票卡查询机日检

巡视自动售票机(TCM),检查设备外观是否完整,维修门是否锁好;检查乘客显示屏是否破损、花屏;检查屏幕显示的系统时间是否正确和有无通信;用员工票检查验票显示内容是否完整正确,如图3-16所示。

(2)票卡查询机日检流程

票卡查询机日检流程同自动售票机日检流程。

图3-16　票卡查询机示意图

(3)票卡查询机月检

票卡查询机月检主要对模块的表面进行清洁和结构进行微调,使设备内部各主要功能模块的工作环境更加优良。主要检修模块有工控机、UPS、读写器单元、乘客显示屏、整机内部钣金部。

1)工控机

使用无纺布清洁工控机表面灰尘,确保表面清洁无灰尘即为合格。

2)UPS

用无纺布清洁UPS表面灰尘,确保UPS表面清洁无灰尘即为合格。

3)读写器单元

用无纺布擦拭TPU金属外壳表面,确保表面无积灰。使用毛刷清洁读写器大天线,确保外壳表面、大天线表面无积灰即为合格。

4)乘客显示屏

用无纺布清洁乘客显示屏表面及内部,确保表面清洁无积灰即合格。

5)整机内部钣金部

用无纺布擦拭整机内部钣金表面(可清洁部分),确保内部表面无积灰即合格。将设备内部存在的废弃物品如废纸屑等物品进行处理,确保设备内无杂物。

TCM月检
教学视频

3.3.5 自动售票机三级状态保养方法

自动售票机三级状态保养根据纸币机动作次数或者进/出站客流,对设备进行开盖、开箱检查。在设备内、外部,深入到各大功能模块内部进行清洁。对设备各大模块的关键、主要部件进行分解、检查、调整,更换易损易耗零部件及配件。主要模块有硬币模块、纸币接收模块、发票模块、纸币找零模块。

(1)硬币模块

硬币模块三级状态部件共20项,分别为:硬币投币口对射传感器、暂存斗表面及内部、暂存U形传感器、暂存电磁铁拨片到位传感器、暂存翻板电磁铁、缓存找零斗出币口、找零斗对应内部钣金侧板、找零斗计数传感器、找零斗内部计数传感器、硬币找零斗托盘、主找零内部对应面板表面、主找零计数传感器、主找零器 U 形传感器、暂存翻板电磁铁联动弹簧、暂存翻板电磁铁、退币通道翻板、硬币主板、模块内部线缆、支架及其他钣金件。本书以三星 SDS-CDU-5266 型号硬币模块为例。见表 3-2。

表 3-2 硬币模块表

设备模块	设备部件	工作内容	作业标准
硬币模块 (三星 SDS-CDU-5266)	硬币投币口对射传感器	清洁及功能检测	感器表面清洁,功能正常
	暂存斗表面及内部	清洁	内部清洁无异物
	暂存两个 U 形传感器	清洁及功能检测	表面清洁,功能正常
	暂存电磁铁拨片到位传感器	清洁及功能检测	表面清洁,功能正常
	暂存器翻板电磁铁	清洁及功能检测	表面清洁,功能正常
	缓存找零斗出币口	紧固及功能检测	固定紧固,功能正常
	找零斗对应内部钣金侧板	清洁	表面清洁
	找零斗计数传感器两对	清洁及功能检测	表面清洁,功能正常
	找零斗内部计数传感器	清洁及功能检测	表面清洁,功能正常
	硬币找零斗托盘	清洁及功能检测	内部清洁,功能正常
	主找零内部对应面板表面	清洁	表面清洁
	主找零器计数传感器 2 对	清洁及功能检测	内部清洁,功能正常
	主找零器 2 个 U 形传感器	清洁及功能检测	内部清洁,功能正常
	暂存翻板电磁铁联动弹簧	功能测试	位置正常,功能正常
	暂存翻板电磁铁	功能测试	位置正常,功能正常
	退币通道翻板	功能测试	位置正常,功能正常
	硬币主板	清洁及功能检测	位置正常,功能正常
	模块内部线缆	功能检测	路由正确,无打结交叉、无破损
	支架及其他钣金件	检测调整	无严重变形

(2)纸币接收模块

纸币接收模块三级状态部件共 15 项,分别为"O"形圈、韧性电缆(左下侧、左上侧、右下侧、右上侧)、长度量度光栅轮关感、霍尔感应器、长度传感器、棱镜、滚筒光感应器、传输通道、电机及线缆、电源板、电机小板、纸币回收钱箱到位传感器。本书以 MEI BNA572-4012L 型号纸币接收模块为例。

(3)票卡发售模块

票卡发售模块三级状态保养部件共 11 项,分别为电机传输挖卡皮轮、电机传输辅助中皮轮、电机传输辅助大皮轮、电机传输辅助小皮轮、U 形传感器、对射传感器、漫反射传感器、票卡发售模块电路板、票卡发售模块电机、翻板电磁铁、票箱联动丝杆。本书以三星 SDS-CTIU-04 型号票卡发售模块为例。

纸币接收模块表见表3-3。

表3-3　纸币接收模块表

设备模块	设备部件	工作内容	作业标准
纸币接收模块（型号：MEI BNA572-4012L）	"O"形圈	功能检测	两个"O"形圈齐全
	左下侧韧性电缆	功能检测	无断裂
	左上测韧性电缆	功能检测	无断裂
	右下侧韧性电缆	功能检测	无断裂
	右上侧韧性电缆	功能检测	无断裂
	长度量度光栅轮光感	功能检测	位置正常
	霍尔感应器	功能检测	位置正常
	长度传感器	功能检测	位置正常
	棱镜	功能检测	位置正常
	滚筒光感应器	功能检测	位置正常
	传输通道	表面清洁	表面洁净无尘,功能正常
	电机、线缆	检测更换	无破损,功能正常
	电源板	功能检测	无线缆虚接或脱落
	电机小板	功能检测	无线缆虚接或脱落
	纸币回收钱箱到位传感器	状态检查	无断裂破损

票卡发售模块零部件组成见表3-4。

表3-4　票卡发售模块表

设备模块	设备部件	工作内容	作业标准
发票模块（型号：三星 SDS-CTIU-04）	电机传输挖卡皮轮	清洁除尘、状态检查	位置正常,功能正常
	电机传输辅助中皮轮	清洁除尘、状态检查	位置正常,功能正常
	电机传输辅助大皮轮	清洁除尘、状态检查	位置正常,功能正常
	电机传输辅助小皮轮	清洁除尘、状态检查	位置正常,功能正常
	U形传感器	清洁及功能检测	表面清洁,功能正常
	对射传感器	清洁及功能检测	表面清洁,功能正常
	漫反射传感器	清洁及功能检测	表面清洁,功能正常
	票卡发售模块电路板	清洁及功能检测	表面清洁,功能正常
	票卡发售模块电机	清洁及功能检测	表面清洁,功能正常
	翻版电磁铁	功能检测	功能正常
	票箱联动丝杆	清洁除尘、状态检查	位置正常,功能正常

(4)纸币找零模块

纸币找零模块三级状态保养部件共16项,分别为SRFS(单张回收传感器)、CDS(计数码盘传感器)、FCS(拾钞计数传感器)、SLL(R)S(斜度及长度检测传感器)、MTS(介质厚度检测传感器)、MEDS(介质离开换向器传感器)、TES(通道出口传感器)、RVES(回收箱到位传感器)、棱镜、电子元器件找零主板及RFID板连接线、线缆、纸币找零机头驱动皮带、通道传输皮带、拾钞部胶轮、拾钞部反转轮导向片、拾钞部外部通道组件检查皮带。本书以广电运通 CDM6240 型号纸币找零模块为例,纸币找零模块表见表3-5。

表3-5　纸币找零模块表

设备模块	设备部件	工作内容	作业标准
纸币找零模块 (型号:广电运通 CDM6240)	SRFS(单张回收传感器)	功能检测	对卡扣松动的进行位置调整,线缆无破损、无虚接、紧固及功能正常
	CDS(计数码盘传感器)	功能检测	对卡扣松动的进行位置调整,线缆无破损、无虚接、紧固及功能正常
	FCS(拾钞计数传感器)	功能检测	对卡扣松动的进行位置调整,线缆无破损、无虚接、紧固及功能正常
	SLL(R)S(斜度及长度检测传感器)	功能检测	对卡扣松动的进行位置调整,线缆无破损、无虚接、紧固及功能正常
	MTS(介质厚度检测传感器)	功能检测	对卡扣松动的进行位置调整,线缆无破损、无虚接、紧固及功能正常
	MEDS(介质离开换向器传感器)	功能检测	对卡扣松动的进行位置调整,线缆无破损、无虚接、紧固及功能正常
	TES(通道出口传感器)	功能检测	对卡扣松动的进行位置调整,线缆无破损、无虚接、紧固及功能正常
	RVES(回收箱到位传感器)	功能检测	对卡扣松动的进行位置调整,线缆无破损、无虚接、紧固及功能正常
	3组棱镜	功能检测	对松动的进行紧固
	电子元器件找零主板、RFID 板连接线	功能检测	确保线缆紧固无松脱
	线缆	状态检查	线缆接线无松动,无破损,捆扎牢固,无安全隐患
	纸币找零机头驱动皮带	功能测试	位置正常,功能正常
	通道传输皮带	功能测试	位置正常,功能正常
	拾钞部胶轮	表面清洁	位置正常,功能正常
	拾钞部反转轮导向片	功能测试	位置正常,功能正常
	拾钞部外部通道组件检查皮带	功能测试	位置正常,功能正常

3.3.6 自动检票机三级状态保养方法

自动检票机三级状态根据纸币机动作次数或者进/出站客流,对设备开盖、开箱检查,设备内、外部深入到各大功能模块内部进行清洁。对设备各大模块的关键、主要部件进行分解、检查、调整,更换易损易耗零部件及配件。主要模块有票卡回收模块、扇门模块。

(1)票卡回收模块

票卡回收模块三级保养部件共 10 项,分别为电机传输辅助中皮轮、电机传输辅助大皮轮、电机传输辅助小皮轮、U 形传感器、对射传感器、漫反射传感器、机械易损件、模块零小部件、模块线缆、端盖及投票口。本书以三星 SDS-CTIU-04 型号票卡回收模块为例。

票卡回收模块表见表 3-6。

表 3-6 票卡回收模块表

设备模块	设备部件	工作内容	作业标准
票卡回收模块 (型号:三星 SDS-CTIU-04)	电机传输辅助中皮轮	清洁除尘、状态检查	位置正常,功能正常
	电机传输辅助大皮轮	清洁除尘、状态检查	位置正常,功能正常
	电机传输辅助小皮轮	清洁除尘、状态检查	位置正常,功能正常
	U 形传感器	清洁及功能检测	表面清洁,功能正常
	对射传感器	清洁及功能检测	表面清洁,功能正常
	漫反射传感器	清洁及功能检测	表面清洁,功能正常
	机械易损件	功能检测	各个轴承、一体杆位置正常紧固
	模块零小部件	完整性检查	确保模块整体无缺损的零小部件
	模块线缆	状态检查	线缆接线无松动,无破损,捆扎牢固,无安全隐患
	端盖及投票口	状态检查	无效车票能够正常退出

(2)扇门模块

扇门模块三级状态保养部件共 4 项,分别为模块状态检测、凸轮部检查、微动到位开关状态检查、弹簧部检查。本书以三星 AC SECTOR DOOR Normal 280 型号为例。

扇门模块表见表 3-7。

表 3-7 扇门模块表

设备模块	设备部件	工作内容	作业标准
扇门模块 (型号:AC SECTOR DOOR Normal 280)	模块状态检测	状态检查	功能正常
	凸轮部检查	状态检查	功能正常
	微动到位开关状态检查	状态检查	无磨损、变形或断裂
	弹簧部检查	状态检查	无损坏、变形

任务 3.4　站级设备常见故障维修

3.4.1　自动售票机常见故障维修

(1)故障案例一

设备状态为仅硬币售票,故障模块为纸币接收模块。

解决方法:

①打开维修门,登录维修账号查看故障状态,判断纸币机是否卡币。

②断开纸币机电源,打开纸币机,查看卡币位置。

③钱卡在进币通道,取出卡币;卡在退币通道,转动绿色主动轮转出卡币;卡在暂存鼓,转动暂存鼓转出卡币。

④取出卡币后复位纸币机,对纸币机进行测试,查看故障是否修复。

(2)故障案例二

设备状态为只充值,故障模块为票卡发售模块。

解决方法:

①打开维修门,登录维修账号查看故障状态,判断发卡模块是否卡票。

②打开发卡模块通道盖板,查看卡票位置,转动皮轮转出卡票。

(3)故障案例三

设备状态为只找硬币,故障模块为纸币找零模块。

解决方法:

①打开维修门,登录维修账号查看故障状态,判断纸币找零模块是否卡币。

②钱币卡在通道,转动绿色主动轮转出卡币;钱币卡在废钞箱口,取出废钞箱,取出卡币;钱币卡在机头,若无法正常转出则拆卸机头取出卡币。

③若无卡币,检查传感器与棱镜是否积灰或有遮挡物,进行清洁。

(4)故障案例四

设备状态:只收纸币为无找零,故障模块为硬币模块。

解决方法:

①打开维修门,登录维修账号查看故障状态,判断硬币模块故障位置。

②硬币模块故障为"暂存器翻板关闭错误",检查暂存器翻板电磁铁与翻板并进行调节。

③故障为"找零斗计数传感器故障",按照三级状态暂存斗计数传感器清洁方法对传感器进行清洁,并清洁出币口对射传感器。

④故障为"硬币模块通信异常"先检查硬币模块是否有电,然后检查各连接线缆有无

松动。若线缆完好,复位硬币模块查看7个电磁铁复位动作是否完整。

⑤硬币识别器卡币,按下卡币解除压杆退出卡币。

(5)故障案例五

设备状态为暂停服务。

解决方法:

①打开维修门,登录维修账号查看故障状态,判断故障位置。

②各模块故障按模块故障处理。

③若纸币机故障代码为BF004,检查纸币机线缆连接是否正常,检查保险丝是否正常。若正常,则判断为纸币机线缆损坏,更换纸币机线缆。

3.4.2 自动检票机常见故障维修

(1)故障案例一

设备状态为暂停服务。

解决方法:

①查看乘客显示屏下方故障代码。

②维修门未关好、黑色端盖未关好,则关好维修门或黑色端盖。

③读写器异常,检查读写器通信是否正常、有无电源输入、连接线有无松动。

(2)故障案例二

设备状态为禁止投入车票。

解决方法:

①打开维修门,登录维修账号。

②查看投票口与回收模块通道,查看有无卡票。

③取出卡票复位回收模块,检测回收模块功能是否正常。

(3)故障案例三

故障状态为扇门常开、常闭或不受控制。

解决方法:

①查看扇门有无220 V电压输入,各连接线是否正常。

②查看扇门DCU控制板是否正常,指示灯是否正常。

③查看扇门DCU控制板上保险丝有无熔断。

④若不存在上述问题,则按照扇门维护保养方法清洁扇门行程开关。清洁完成后进行扇门自检。

(4)故障案例四

故障状态为黑屏。

解决方法:

①打开维修门查看有无卡票。

②若有卡票,取出卡票,在维修键盘上按确认键唤醒设备。

③若无卡票,检查乘客显示屏 VGA 连接线与电源线连接是否正常,若连接正常则判断为线缆损坏,更换线缆。

自动售检票系统
常见故障处理
教学视频

3.4.3　半自动售票机常见故障维修

(1)故障案例一
故障状态为乘客显示屏或操作员显示屏黑屏。

解决方法:检查连接线有无松动或虚接,插好连接线。

(2)故障案例二
故障状态为无法发票。

解决方法:

①打开维修门,登录维修账号查看故障状态,判断发卡模块是否卡票。

②打开发卡模块通道盖板,查看卡票位置,转动皮轮转出卡票。

(3)故障案例三
故障状态为无法打印。

解决方法:

①打开打印机,查看是否卡纸,若卡纸则取出卡纸。

②若打印机出纸口挡板铁片脱落,重新安装挡板。

3.4.4　自动查询机常见故障维修

(1)故障案例一
故障状态为设备显示为正常服务,但使用触摸屏无反应。

解决方法:

①打开 TCM 维修门,看是否死机,对 TCM 进行重启。

②重启后仍无法使用,检查 TCM 触摸屏连接线是否松动,重新进行插拔。

③触摸屏损坏,进行更换。

(2)故障案例二
故障状态为设备显示为正常服务,但刷卡无反应。

解决方法:

①打开 TCM 维修门,看是否死机,对 TCM 进行重启。

②重启后仍无法使用,检查 TCM 读写器连接线是否松动,重新进行插拔。

③读写器损坏,进行更换。

3.4.5　其他厂家故障

(1)故障案例一

车站计算机提示数据库连接失败。

解决方法：

①检查计算机的网络连接是否正确。

②检查数据库网络配置是否正确。

③检查数据库连接文件是否更新。

(2)故障案例二

车站计算机日志记录错误。

解决方法：

查看日志文件,并按提示处理。必要时提请技术人员处理。

任务 3.5　重大故障处理流程

3.5.1　重大故障定义

　　一般地铁 AFC 系统运营管理部门对重大故障的定义基本一致。重大故障区别于一般故障,指的是对单个车站或者全线路 AFC 系统运营造成一定影响的故障。重大故障如处理不及时,会造成乘客服务投诉和票务事故,对地铁运营单位的社会形象和资金安全造成严重的负面影响。一般地铁运营单位对 AFC 系统的重大故障的定义根据各地客流情况以及设备运营情况会有不同程度的差别,但总体都以是否影响运营安全为基准线。我们分析了国内各地铁运营单位的情况,总结出了以下几点定义：

　　①运营期间单个或多个车站中自动售票机、进站闸机、出站闸机出现全部停用不超过 30 min 的情况;

　　②运营期间单个或多个车站中超过半数的自动售票机、进站闸机、出站闸机停用,时间大于 20 min 不足 30 min 的情况;

　　③系统功能不正常,影响一个以上车站的情况。

　　④系统升级失败回退或升级后引入其他系统问题的情况。

3.5.2　重大故障处理原则

　　重大故障发生后的处理必须遵循及时、准确、高效的原则,以缩短故障历时、缩小故障影响范围为目标,做到定位准确、抢修及时、上报及时、指挥调度协调高效,按照先通后复、先主后次分故障等级进行处理。对于重大故障,相关单位领导应到现场指挥抢修。运行维护人员在处理故障时,必须对现场各种告警信息、故障显示、故障记录报告等进行认真分析处理;应不影响车站正常客流运营组织或任意扩大影响范围,并严格按照各设备厂商和运维部门提供的故障诊断手册、设备操作手册等规定的命令和操作方法进行处理,如图3-17 所示。

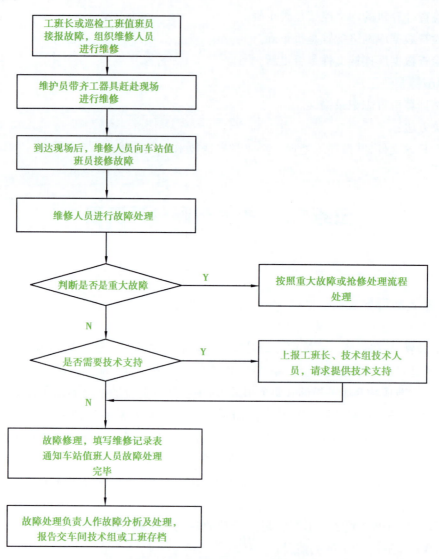

图 3-17 重大故障处理原则流程图

复习思考题

1.假设一个车站发生了重大故障,作为一名普通 AFC 系统专业检修人员,在现场应如何处理?

2.AFC 系统对综合监控系统的接口在功能上交换何种信息?

3.车站 AFC 系统的供电原理是什么?

项目四 中级工〔正线〕理论知识及实操技能

任务 4.1 站级设备各模块原理及功能

4.1.1 自动售票机设备各模块原理及功能

(1)纸币接收模块

1)纸币接收模块功能

纸币接收模块最多能接受 13 种不同纸币参数设置,纸币可按 4 个方向任意插入而不影响其检验的正确性。纸币检测器能接受第 4 版、第 5 版和以后新发行版本的人民币。通过升级数据库进行新增币种数据更新,通过参数设置自动售票机接收新增币种。初始的纸币接收模块将具备接收第 4 版人民币 5、10、50、100 元和第 5 版人民币 5、10、20、50、100 元的功能。

纸币接收模块主要由纸币识别器和纸币钱箱组成。纸币接收模块实现纸币的接收、识别、原币返还等功能。自动售票机接收纸币种类通过参数设置,也可通过票务清分中心下发的参数文件进行设置。

纸币接收模块暂存单元,具有原币返还功能。暂存部容量为 15 张,可通过参数设置暂存张数。如图 4-1 所示。

2)纸币接收模块原理

纸币逐张被放入纸币处理单元,吸钞(纠偏)马达将纸币吸入传输通道。通过 Cashray90 纸币传感器,纸币验币器进行判别,识别的纸币会首先进入暂存部。暂存部可保存 15 张纸币。若乘客中途取消交易,该笔交易所放入的纸币可一次性全部退出。若确认交易,则缓存部的纸币会被收入纸币回收箱。如图 4-2 所示。

图 4-1 纸币接收模块示意图

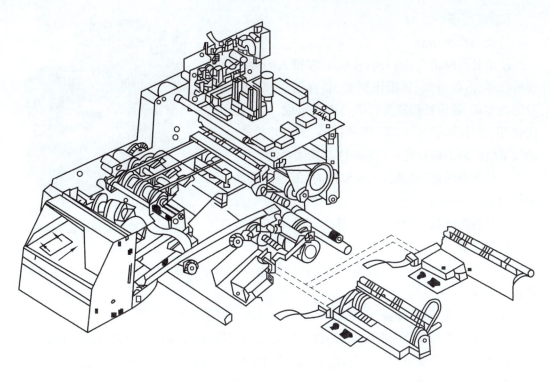

图 4-2　纸币接收机传输机构示意图

（2）纸币找零模块

1）纸币找零模块功能

自动售票机中的纸币找零模块主要是为了满足找零超过 5 元硬币的交易，扩大了自动售票机的货币使用范围。纸币找零模块主要由钱箱框架、钱箱、拾钞部、冲钞检测组件、送钞通道和废钞箱组成，其中钱箱组件包括钱箱支架和纸币钱箱。依照设备实际使用要求，纸币找零模块钱箱数量为可配置，可选择 1~6 级钱箱，可分别支持 1~6 种纸币找零。通过纸币找零器输出指定面值的纸币，实现 TVM 的纸币找零功能。找零的纸币逐张横向弹出落入找零口中。如图 4-3 所示。

图 4-3　纸币找零模块示意图

2）纸币找零模块原理

在交易需纸币找零时，纸币找零模块依照上位机要求从指定钱箱发出指定张数及面值的纸币；若纸币正常，则拾钞部在对应钱箱中逐张吸取纸币送至送钞通道，经分钞轮及反转轮动作将多于一张的纸币退回，厚度传感器检测所找纸币数量是否符合要求，确保每动作一次有且只有一张纸币被找出，并将对应面值纸币送至出钞口，完成找零。若纸币异常，则异常纸币送至废钞箱，以备回收查验。

(3)硬币模块

1)硬币模块功能

硬币处理模块负责识别、接收乘客投入的硬币以及硬币找零，由投币口、硬币识别器、暂存器、循环找零器、专用找零箱、硬币补币箱及硬币通道等组成，实现硬币的接收、识别、原币返还、找零、循环找零、清币等功能，是自动售票机的核心模块之一（图4-4）。具体功能如下：

图4-4 硬币模块功能示意图

①具有原币返还功能，交易取消时，能返还乘客投入的硬币。

②具有循环找零功能，自动将乘客投入的硬币补充到循环找零器。

③配备专用找零装置，当循环找零器内硬币少于参数设置的最低阈值时，专用找零装置自动找零。

④当专用找零装置内硬币不足时，可以通过补币箱添加硬币。

⑤每个部件均安装安全锁装置，打开需要使用钥匙，避免操作员直接接触硬币。

⑥硬币处理模块中所存储的硬币可通过指令补充或清空。清空指令可通过 SC 下达，或本地操作。硬币通道具有转换功能，清币时硬币自动进入硬币钱箱，清币完成自动返回找零状态。

⑦清空硬币时自动统计清空数量，并生成清空审计报表。

⑧硬币找零模块，可通过参数设置支持 2 个币种的硬币找零，而不需要进行任何硬件更改，目前默认只找 1 元面值的硬币。

2)硬币模块的原理

当乘客进行购票操作时，投币口闸门打开，硬币经投币口进入硬币识别器。若硬币无法识别，则硬币退还至出币口；若硬币正常识别，则硬币进入缓存找零器，优先找零给乘客。当缓存找零器内硬币满 110 枚后，程序自动将硬币清入回收钱箱；当缓存找零器内硬币不足时，由找零钱箱进行找零。若乘客中途取消交易，已投入的硬币从缓存找零器退回，实现原币返还功能。

(4)单程票发售模块

1)单程票发售模块功能

单程票发售模块是完成单程票供给、读写及发售的智能单元，在接受主控单元的指令后，单程票发售模块能完成供票、赋值及出票的处理过程。

单程票发售模块拥有 2 个单程票储存容量为 1 000 张的票箱和 1 个废票箱，如果用完某个储存箱中的单程票之后，将继续发售另外一个票箱中的票卡。发售速度为 1 张/s，包括供票、编码、验证和出票。

单程票发售模块由供票单元、读写单元、出票单元、票箱、废票箱、控制单元、导轨等组成。

2）单程票发售模块原理

单程票发售模块根据乘客的选择，可发放单张或多张单程票。当乘客放入足够的现金（硬币或纸币）票款后，刮票轮从单程票发售模块票箱中逐张取出欲发售的票卡，通过读写器天线板进行校验、赋值；若票卡符合发售条件，则票卡赋值发售至出票口，若票卡不符合发售条件，则将无效票及设定类型的票卡回收至废票箱，如图4-5所示。

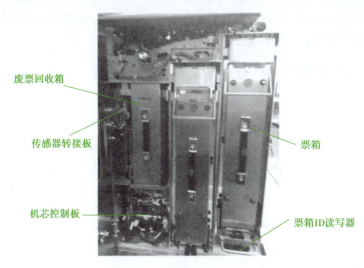

废票回收箱

传感器转接板

机芯控制板

票箱

票箱ID读写器

图4-5 单程票发售模块示意图

（5）不间断电源（UPS）

1）不间断电源功能

UPS 不间断电源（Uninterruptible Power System），是能够提供持续、稳定、不间断电源的重要外部设备。也是一种集数字和模拟电路，自动控制逆变器与免维护储能装置于一体的电力电子设备，由一套交流、直流充电，交直流逆变装置构成，如图4-6所示。

自动售票机使用山特 MT1000-pro 作为不间断电源。在外部供电情况下，自动对电池进行充电；在外部电源故障情况下，使自动售票机在退

图4-6 UPS 示意图

出服务之前完成最后的交易，具有高效率和高可靠性，能提供可靠、优质的交流电源。

MT1000-pro 具有过载、短路、过热、过压、欠压保护，可通过串口监视 UPS 的状态。

2）不间断电源原理

不间断电源按工作原理分成后备式、在线式与在线互动式三大类。AFC 系统采用在线式 UPS。当市电输入正常时，UPS 将市电稳压后供应给负载使用，此时的 UPS 就是一台交流式电稳压器，同时它还向机内电池充电；当市电中断（事故停电）时，UPS 立即将

电池的直流电能,通过逆变器切换转换的方法向负载继续供应 220 V 交流电,使负载维持正常工作并保护负载软、硬件不受损坏。UPS 设备对电压过高或电压过低都能提供保护。

(6)储值票处理模块

1)储值票处理模块功能

储值票处理模块是对乘客储值票(或一卡通)进行收纳、读写,以完成卡片充值的部件,由储值票插卡装置和读写器构成,如图 4-7 所示。

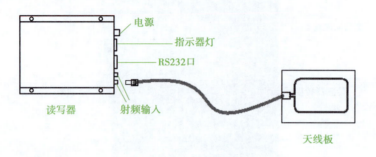

图 4-7　储值卡处理模块功能示意图

2)储值票处理模块原理

储值票读写器通过 RS232 接口与工控机相连。在需要对储值票充值时,工控机通过储值票读写器读取储值票信息并对储值票进行有效性检查,然后选择充值金额并将交易信息发送给储值票读写器,储值票读写器完成储值票充值操作后返回处理结果,工控机记录相应的交易信息。

图 4-8　储值卡处理模块插卡装置示意图

　　TVM 前面板安装有储值票处理模块插卡装置,无交易时或不接受储值票模式下,进票口的舌档(shutter)关闭,防止异物进入。当进行充值操作时,储值票接受主控单元的指令,开启进票口快门,接收储值票。储值票完全插入后,进票口舌档关闭,待充值交易完成后开启。储值票插卡装置底部设有开孔,可将乘客误投入的硬币等杂物从开孔处排出至出票/找零口,如图 4-8 所示。

(7)主控单元

主控单元(ECU)为工业级控制计算机,其主要功能为数据采集与统计、现金控制、设备状态监控、发卡控制、网络通信等。

设备 ECU 采用 64 位高性能处理器,符合工业级应用标准,为供货时的主流产品,具有良好的抗电磁干扰性能,能保证整机每天不间断稳定运行,并具备足够的能力完成所指定的功能。ECU 采用了全密闭的免风扇结构设计,能很好地保护 ECU 内部硬件,具有密闭防尘防潮的功能。

ECU 配置 DOM 和 CF 卡双存储介质,能确保保存至少 30 d 的交易数据和设备数据。

交易数据和设备数据保存时间可由参数确定。能够保证应用程序产生的交易数据、设备寄存器数据、日志、配置信息等的安全性。通过整机设备内配置的不间断电源，在失电的情况下能维持工作 30 min，保证完成当前一次交易过程，避免在电源故障时损坏数据。同时，为了满足 AFC 系统的数据存储以及数据扩展需求，提供了内置 DOM 以及外接的 CF 卡插槽作为系统和数据的存储介质。

4.1.2　自动检票机设备各模块原理及功能

自动检票机设置在付费区与非付费区的交界处，是乘客在付费区与非付费区之间进出时自动验票和放行的自动检票设备，由主控单元(ECU)、单程票回收模块、读写模块模块、扇门模块、电源模块、不间断电源(UPS)等相关部件构成。

(1)扇门机构

1)扇门机构功能

作为自动检票机的核心部件，标准通道扇门采用固力保公司生产的 KID for STD AISLE W300 剪式闸门，由 PCM(通道控制模块)、扇门机构组成。宽通道扇门采用伸缩型扇门。扇门的运行方向与乘客通行方向垂直，打开时能够完全缩入 AGM 机壳内。此种设计能够保证持有效车票的乘客通过通道而不会给其他乘客造成伤害或带来不便。扇门的开关速度和动作方式能够满足通行控制的要求，保证持有效车票的乘客能够以正常走行速度无停滞地通过。同时，可迅速地、无伤害地阻挡住试图非法通过的乘客。

2)扇门机构原理

①扇门动作

扇门机构由 PCM 板控制，当 PCM 板接收上位机开门指令后，控制板发出指令至驱动马达，带动摆臂机构动作，通过涡轮减速器提供动力给转换器，操作杆连接处产生力矩，电磁铁吸合传递动力，带动扇门运动。限位传感器及微动开关用以检测门扇运动状态及位置，如图 4-9 所示。

②光电传感器

16 对传感器成对出现，一端发射红外线，一端接收电路，乘客探测就是通过遮挡对射型传感器发出的红外线来实现，当有物体阻挡红外线，红外接收器输出开关信号，据此就可判断有乘客进入和通过，如图 4-10 所示。

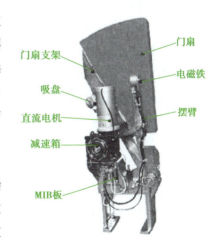

图 4-9　扇门原理示意图

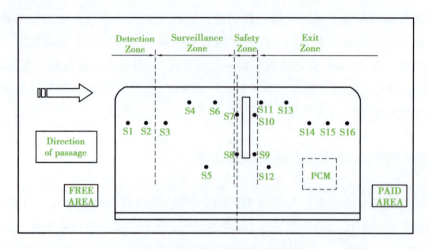

图 4-10　通行检测的光电检测分布图

S1 和 S2 光电管的位置被用于检测乘客在检测区内,光电管 S15、S16 是对于方向 B 相同的使用方式。

S3 光电管位置考虑了足够空间给乘客插入车票到读写器上,光电管 S14 的操作在方向 B 用途相同。

S6 和 S11 光电管提醒注意,乘客已经通过了通道。

S7、S8、S9、S10 光电管的位置是计划用来保证乘客和儿童安全的,这些光电管也被用于乘客通行的检测。

乘客身高检测传感器为漫反射型传感器,集成了发射器与接收器,发射器发出光束。没有物体在有效检测范围内时,接收器探测不到有光束返回,传感器输出端的状态不会发生变化;当有物体在检测范围内时,通过光束反射,接收器收到返回光束,输出状态发生改变,据此就可以探测到目标物体。

(2)票卡回收模块

1)票卡回收模块功能

单程票回收模块由储票单元、票卡传送单元、控制单元等组成。单程票回收模块能够回收地铁单程车票并堆叠在票箱中。在回收过程中,检查票卡的合法性并将相应信息写入车票中。当一个票箱中回收车票已满,可以向另一个票箱回收。对于错误的车票从插入口退出,并停留在插入口,等待乘客拿走,可防止票卡飞票现象发生。

单程票回收模块配有 2 个储票箱,每个储票箱的容量为 1 000 张车票。还配置了 1 个废票箱,用于收纳回收过程中被检测为不合格的车票,废票箱容量为 300 张车票。

AGM 中所使用的储票箱、废票箱在外形尺寸、容量、锁具等方面,与 TVM、BOM 中所使用的完全一致,可进行互换。且储票箱、废票箱的取下和放入操作均非常简单,不需要借助任何特殊的工具,如图 4-11 所示。

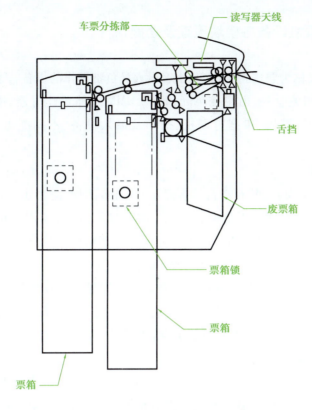

图 4-11　单程票回收模块外观示意图

2）票卡回收模块原理

票卡回收模块是自动检票机的重要组件,负责完成车票读写、传送、回收处理。进票口不允许同时插入两张及以上的车票。车票在插入后到达天线位置后,检票机判断车票是否有效,如车票有效,读写器完成对车票的操作后,车票将通过传送带传送到储票箱中,在一个储票箱装满后车票被传送到另一个未满的储票箱中。如车票无效则将车票从投票口退回。入票口接收车票后,在车票回收或退出前不能接收其他车票,同时处理非回收车票的读写器不处理车票。

当需回收车票在非回收车票读写器使用时,自动检票机提醒乘客将车票放入回收票入票口。票卡回收模块的分拣机构也可根据系统参数的设定将超过有效期的车票分拣到指定票箱中。

（3）电源模块

AGM 中的电源模块为设备提供电力,其组成包括主电源模块、扇门电源以及接线端子排(带保险)及相应附件。电源模块对主要模块的输出带有保险丝进行保护,在过压及短路情况下可以保护模块不受影响。

4.1.3　半自动售票机设备各模块原理及功能

半自动售票机又称为票房售票机,是由客运人员负责操作的设备,人工发售处理地铁车票和城市交通卡相关业务,由主控单元(ECU/EMM)、外置读写器、操作员显示器、乘客显示器、单程票发售模块、单据打印机、操作及输入设备、不间断电源(UPS)等部件构成。

(1)乘客显示器

半自动售票机(BOM)安装有2台乘客显示器,具备耐用、防冲击、可靠性能高的技术特点。供乘客查看有关车票分析及现金信息。乘客显示器能显示中、英文及数字。BOM切换到不同模式,乘客显示器分别显示车票分析及处理结果、现金信息。在登录前,乘客显示器显示暂停服务的信息。在登录后,乘客显示器显示正常服务的信息。当BOM发生故障时,乘客显示器显示暂停服务的信息。乘客显示器显示信息能随着操作显示器进行车票分析、处理实时刷新,车票的分析处理信息显示时间可通过调整参数修改,BOM没有进行车票分析、处理时根据运营模式显示相应的信息。

(2)操作员显示器

BOM设有操作员显示器,具备耐用、防冲击、可靠性能高的技术特点。配置红外触摸屏用于操作员日常操作使用。显示有关车票分析及编码信息、现金处理、操作指示、系统状态及设备状态等信息。对车票进行处理时,操作员显示器能够显示车票编码及分析信息,并能够显示下一步操作的指示信息。在进行现金处理时,能够显示有关现金处理信息。操作显示器还能够显示系统及设备状态等信息。操作显示器显示的信息采用图形化显示,清晰明了、界面友好,能给操作员明确的指示及提示。

(3)单据打印机

单据打印机用于车票发售、加值单据打印,也用于打印班次报表或其他有关信息。半自动售票机一般采用小型针式打印机,也可采用小型热敏打印机,打印宽度为75~90 mm,可打印中、英文字符,打印速度为120字符/min,可打印三联,具备自动切纸功能,如图4-12所示。

图4-12　单据打印机外观图

热敏打印机具有使用寿命长,故障低的优点,但打印后的单据不能长期保存。目前半自动售票机还是以使用针式打印机为主。打印机具备自检功能,使用前后须启动自检,自检提供有关固件及参数配置信息,若自检失败,打印机将停止工作,不会执行打印指令。

(4)单程票发售模块

1)单程票发售模块功能

单程票发售模块是完成单程票供给、读写及发售的智能单元,在接受主控单元的指令后,单程票发售模块能完成供票、赋值及出票的处理过程。

单程票发售模块拥有 2 个单程票储存容量为 1 000 张的票箱和 1 个废票箱,如果用完某个储存箱中的单程票之后,将继续发售另外 1 个票箱中的票卡。发售速度为 1 张/s,包括供票、编码、验证和出票。

单程票发售模块由供票单元、读写单元、出票单元、票箱、废票箱、控制单元、导轨等组成,如图 4-13 所示。

图 4-13 单程票发售模块示意图

2)单程票发售模块原理

单程票发售模块根据乘客的选择,可发放单张或多张单程票。当乘客放入足够的现金(硬币或纸币)票款后,刮票轮从单程票发售模块票箱中逐张取出欲发售的票卡,通过读写器天线板进行校验、赋值;若票卡符合发售条件,则票卡赋值发售至出票口,若票卡不符合发售条件,则将无效票及设定类型的票卡回收至废票箱。

(5)外置读写器

半自动售票机采用桌面型读写器作为外置读写器,内置秘钥卡供操作员对城市"一卡通"及地铁专用车票进行处理。

半自动售票机提供的读写器外形与票房安装位置及票房售票机的整体设计相协调,采用高硬度塑料材料制作,表面光滑无毛边,不会对操作员造成人身伤害,能最大限度方便操作员的使用,如图 4-14 所示。

图 4-14 外置读写器
示意图

4.1.4 自动查询机设备各模块原理及功能

自动查询机实现乘客车票的自助查询功能,乘客可以持车票查询车票余额、使用记录等信息,主要由主控单元(ECU)、读写器模块、不间断电源(UPS)等部件构成。

(1)不间断电源

1)不间断电源功能

不间断电源(Uninterruptible Power System,UPS)是能够提供持续、稳定、不间断电源的重要外部设备。UPS是一种集数字和模拟电路、自动控制逆变器与免维护储能装置于一体的电力电子设备,由一套交流、直流充电、交直流逆变装置构成。

自动查询机使用山特MT500-pro作为不间断电源。在外部供电情况下,自动对电池进行充电;在外部电源故障情况下,使自动查询机在退出服务之前完成最后一次查询服务,具有高效率和高可靠性,能提供可靠、优质的交流电源。

MT500-pro具有过载、短路、过热、过压、欠压保护,可通过串口监视UPS的状态。

2)不间断电源原理

按工作原理分成后备式、在线式与在线互动式三大类。AFC系统采用在线式UPS。当市电输入正常时,UPS将市电稳压后供应给负载使用,此时的UPS就是一台交流式电稳压器,同时它还向机内电池充电;当市电中断(事故停电)时,UPS立即将电池的直流电能,通过逆变器切换转换的方法向负载继续供应220 V交流电,使负载维持正常工作并保护负载软、硬件不受损坏。UPS设备对电压过高或电压过低都能提供保护。

(2)主控单元

主控单元(ECU)为工业级控制计算机,其主要功能为数据采集与统计、现金控制、设备状态监控、发卡控制、网络通信等。

设备ECU采用64位高性能处理器,符合工业级应用标准,且为供货时的主流产品,具有良好的抗电磁干扰性能,能保证整机每天不间断稳定运行,并具备足够的能力完成所指定的功能。ECU采用了全密闭的免风扇结构设计,能很好地保护ECU内部硬件,具有密闭防尘防潮的功能。

ECU配置DOM和CF卡双存储介质,能确保保存至少30 d的交易数据和设备数据。交易数据和设备数据保存时间可由参数确定。能够保证应用程序产生的交易数据、设备寄存器数据、日志、配置信息等的安全性。通过整机设备内配置的不间断电源(UPS),在失电的情况下能维持工作30 min,保证完成当前一次交易过程,避免在电源故障时损坏数据。同时,为了满足AFC系统的数据存储以及数据扩展需求,提供了内置DOM以及外接的CF卡插槽作为系统和数据的存储介质。

(3)显示模块

乘客触摸显示器安装于TCM前面板上部区域内,由乘客显示屏和乘客触摸屏组成,用于显示操作信息和维护管理信息并接受乘客操作。

乘客触摸显示器是防电磁干扰、耐用、防冲击、可靠性能高的成熟产品,采用在地铁环境下适应的 LCD 显示。对其进行维修或更换时,不需要做任何的调整。乘客显示器采用图形显示,可同时显示中文和英文两种语言。

任务 4.2 站级设备深度维修维护工器具使用

4.2.1 万用表的使用方法

数字万用表是一种多用途的电子测量仪器(图 4-15),在电子线路等实际操作中有着重要的用途。它不仅可以测量电阻,同时还可测量电流、电压、电容、二极管、三极管等电子元件和电路。

图 4-15 万用表
测电阻示意图

(1)电阻的测量

1)电阻的测量步骤

①首先红表笔插入 VΩ 孔,黑表笔插入 COM 孔。

②量程旋钮调至"Ω"量程档适当位置。

③分别用红黑表笔接到电阻两端金属部分。

④读出显示屏显示的数值。

2)注意事项

①量程的选择和转换。量程选择低于测量值,显示屏会显示"1",此时应切换为较大的量程;反之,量程选择过大,显示屏会显示接近于"0"的数,此时应切换为较小的量程。

②显示屏显示的数字对应挡位选择的单位为测量值的读数。应注意"200"挡,单位为"Ω";"2~200 k"挡,单位为"kΩ";"2~2 000 M"挡,单位为"MΩ"。

③若被测电阻值超出所选择量程的最大值,将显示量程"1",应选择更大的量程,大于 1 MΩ 或更高的电阻,需几秒钟才能得到稳定读数,此为正常现象。

④若表笔未连接稳固,例如开路情况,仪表显示读数为"1"。

⑤测量线路阻抗时,须确保被测线路所有电源断开,所有电容放电。若被测线路中存在电源和储能元件,会影响被测线路阻抗的测量准确性。

(2)直流电压的测量

1)测量步骤

①红表笔插入 VΩ 孔。

②黑表笔插入 COM 孔。

③量程旋钮调至 V–或 V~适当位置。

④读出显示屏显示的数值。

2)注意事项

①旋钮调至高于估计值挡位(注意:直流挡为 V–交流挡为 V~),表笔接电源或电池两

端,并保持接触稳定。

②若显示为"1",则表明量程过小。

③若数值左边出现"-",则表明表笔极性与实际电源极性相反。

万用表测电压如图 4-16、图 4-17 所示。

图 4-16　万用表测直流电压示意图

图 4-17　万用表测交流电压示意图

(3)交流电压的测量

1)测量步骤

①红表笔插入 V Ω 孔。

②黑表笔插入 COM 孔。

③量程旋钮调至 V-或 V~适当位置。

④读取显示屏显示的数值。

2)注意事项

①表笔插孔与直流电压的测量相同,将旋钮调至交流挡"V~"处所需的量程即可。

②交流电压无正负极之分。

(4)直流电流的测量

1)测量步骤

①断开电路。

②黑表笔插入 COM 端口,红表笔插入 mA 或者 20 A 端口。

③功能旋转开关调至 A~(交流)或 A-(直流),并选取合适量程。

④断开被测线路,将数字万用表串联入被测线路,被测线路中电流从一端流入红表笔,经万用表黑表笔流出。

⑤接通电路。

⑥读取显示屏显示的数值。

2)注意事项

①估值电流大小。若测量大于 200 mA,将红表笔插入"10 A"插孔并将旋钮调至直流"10 A"挡;若测量小于 200 mA,将红表笔插入"200 mA"插孔,将旋钮调至直流 200 mA 以内的合适量程。

②将万用表串联入电路,保持稳定,即可读数。若显示为"1",则需调高量程;若数值左侧出现"-",则表明表笔极性与实际电源极性相反。

（5）交流电流的测量

1）测量步骤

①断开电路。

②黑表笔插入 COM 端口，红表笔插入 mA 或者 20 A 端口。

③旋转调至 A~（交流）或 A-（直流），并选择合适量程。

④断开被测线路，将数字万用表串联入被测线路。

⑤被测线路中电流从一端流入红表笔，经万用表黑表笔流出。

⑥接通电路。

⑦读取显示屏显示的数值。

2）注意事项

①测量方法与直流相同，挡位调至交流挡。

②电流测量完毕后，将红表笔插回"V Ω"孔。

③测量时量程由高向低逐渐调整。

④将万用表串联入电路，保持稳定，即可读数。若显示为"1"，则需调高量程；若数值左侧出现"−"，则表明表笔极性与实际电源极性相反。

万用表测电流如图 4-18、图 4-19 所示。

图 4-18　万用表测直流　　　　图 4-19　万用表测交流
电流示意图　　　　　　　　电流示意图

4.2.2　网线钳的使用方法

网线钳是用来卡住 BNC 连接器外套与基座的，它有一个用于压线的六角缺口，一般这种压线钳也同时具有剥线、剪线功能。能制作 RJ45 网络线接头、RJ11 电话线接头、4P 电话线接头，方便进行切断、压线、剥线等操作。

（1）使用步骤

①双绞线剥线器或压线钳剥线刃口，将双绞线外皮剥去 15 mm，如图 4-20 所示。

图 4-20　双绞线示意图

②裸露双绞线中的橙色对线拨向左侧,棕色对线拨向右侧,将绿色对线与蓝色对线移至中间位置,如图 4-21 所示。

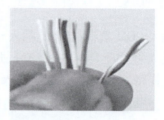

图 4-21　双绞线对线示意图

③剥线遵循 T568B 标准,将对线的颜色有顺序地排列,左起依次为:橙白/橙/绿白/蓝/蓝白/绿/棕白/棕。操作时一手剥线,一手拇指和食指将剥开的色线按规定线序捏紧,如图 4-22 所示。

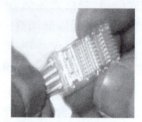

图 4-22　水晶头制作方法示意图

④排列好线序的双绞线用压线钳的剪线口剪齐,长度剩余 12 mm,应符合 EIA/TIA 标准,确保各色线头排列整齐、长度一致,如图 4-23 所示。

⑤双绞线依序插入 RJ45 水晶头引脚内,如图 4-22 所示。

⑥压接 RJ45 接头前将胶套插在双绞线电缆上,如图 4-23 所示。确认线序正确,使用 RJ45 压线钳压接。

⑦重复上述步骤,制作另一端。

图 4-23　水晶头胶套示意图

(2)注意事项

①剥双绞线外皮时,避免剥线刀刃间隙过小损伤内部线芯。

②排列线序过程中,确保线序准确。

③切除外皮过程中,避免外皮切去得过长,导致线间串扰。

④剪线齐头过程中,保留长度准确,各色线切口整齐。线皮过长会导致外皮无法插入 RJ45 水晶头中,缩短双绞线使用寿命;线皮过短或切口不齐会出现各色线不能完全插入 RJ45 水晶头,导致网线不通,如图 4-24 所示。

卡榫

　　(a)正面　　　　　　　　　　(b)背面

图 4-24　水晶头正反面示意图

4.2.3　防静电手环的使用方法

（1）防静电手环工作原理及作用

静电手环是由导电松紧带、活动按扣、弹簧 PU 线、保护电阻及插头或鳄鱼夹组成的，是一种用于释放人体所存留的静电以起到保护电子芯片作用的小型设备。种类分为有绳手腕带、无绳手腕带及智能防静电手腕带，按结构分为单回路手腕带及双回路手腕带，松紧带的内层用导电纱线编织，外层用普通纱线编织。

弹簧软线最大长度 400 cm，泄漏电阻 1 MΩ（即保护电阻 1 000 000 Ω）。利用（静电压平衡）物理原理，依据"静电工程学"中静电是利用离子之间推挤方式传递的原理研发而成，借由静电自高电位推挤的特性将人体静电离子推挤出灾害本体至收集区，经由"电荷感应原理"将电板正反表面分别带有"等量异性电荷"（集肤效应），内置离子交换剂（利用其低游离特性）提供被导入静电离子等量异性电荷予以中和，达到静电泄放的效果，外部设有一只螺丝，与内部导体回路连接。

（2）防静电手环的佩戴操作

①为达到释放静电的目的，佩戴防静电手环时，必须将腕带与手腕皮肤贴合，接地线连接腕带，确保防静电手环内的金属块与皮肤接触，如图 4-25 所示。

（a）手环不能戴在衣服的外面

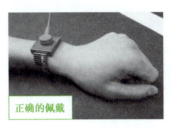
（b）手环应良好接触人体皮肤

图 4-25　防静电手环佩戴示意图

②防静电手环佩戴完毕后，将连接线的鳄鱼夹夹至地线，如图 4-26 所示。

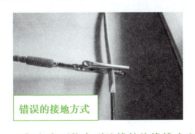
（a）鳄鱼夹不能夹到地线的绝缘线皮上

（b）鳄鱼夹应良好接触地线铜线

图 4-26　鳄鱼线正确夹底线示意图

4.2.4 电烙铁的使用方法

电烙铁分为内热式和外热式两种。内热式电烙铁的烙铁头在电热丝的外侧,这种电烙铁加热快且质量轻。外热式电烙铁的烙铁头是插在电热丝里,它加热虽然较慢,但相对比较牢固。电烙铁使用220 V交流电源加热。电源线与外壳之间绝缘,电源线与外壳之间的电阻应是大于200 MΩ。

(1) 焊接操作姿势与适用

焊剂加热挥发出的化学物质对人体是有害的,如果操作时鼻子距离烙铁头太近,则很容易将有害气体吸入。一般烙铁离开鼻子的距离至少应为30 cm,通常以40 cm为宜。

电烙铁握法有3种,如图4-27所示。反握法动作稳定,长时间操作不宜疲劳,适于大功率烙铁的操作。正握法适于中等功率烙铁或带弯头电烙铁的操作。一般在操作台上焊印制板等焊件时采用握笔法。

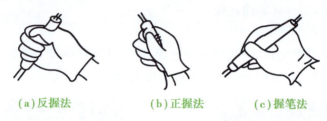

(a)反握法　　　(b)正握法　　　(c)握笔法

图4-27　电烙铁握法示意图

(2) 操作步骤

①施焊准备:准备好焊锡丝和烙铁。此时特别强调施烙铁头部要保持干净,即可以沾上焊锡(俗称吃锡)。

②加热焊件:将烙铁接触焊接点,注意首先要保持烙铁加热焊件各部分,例如使印制板上引线和焊盘受热,其次要注意烙铁头扁平部分(较大部分)接触热容量较大的焊件,烙铁头的侧面或边缘部分接触热容量较小的焊件,以保持焊件均匀受热。

③熔化焊料:当焊件加热到能熔化焊料的温度后将焊丝置于焊点,焊料开始熔化并润湿焊点。

④移开焊锡:当熔化一定量的焊锡后将焊锡丝移开。

⑤移开烙铁:当焊锡完全润湿焊点后移开烙铁,注意移开烙铁的方向应为大致45°,并放在烙铁架上,如图4-28所示。

(a)连续锡焊时焊锡丝的拿法　　　(b)继续锡焊时焊锡丝的拿法

图4-28　焊锡丝拿法示意图

（3）注意事项

①电烙铁使用前应检查使用电压是否与电烙铁标称电压相符。

②电烙铁应该具有接地线。

③电烙铁通电后不能任意敲击、拆卸及安装其电热部分零件。

④电烙铁应保持干燥，不宜在过分潮湿或淋雨环境使用。

⑤拆烙铁头时，要切断电源。

⑥切断电源后，利用余热在烙铁头上上一层锡，以保护烙铁头。

⑦当烙铁头上有黑色氧化层时候，可用砂布擦去，然后通电，并立即上锡。

⑧使用海绵收集锡渣和锡珠，用手捏刚好不出水为适。

4.2.5　剥线钳的使用方法

剥线钳为内线电工、电机修理、仪器仪表电工常用的工具之一。剥线钳由刀口、压线口和钳柄组成，剥线钳的钳柄上套有额定工作电压 500 V 的绝缘套管，适用于塑料、橡胶绝缘电线、电缆芯线的剥皮。

（1）使用方法

①根据缆线的粗细型号，选择相应的剥线刀口。

②将准备好的电缆放在剥线工具的刀刃中间，选择要剥线的长度。

③握住剥线工具手柄，将电缆夹住，缓缓用力使电缆外表皮慢慢剥落。

④松开工具手柄，取出电缆线，这时电缆金属整齐露出，其余绝缘塑料完好。

（2）注意事项

①使用前确认工具握姿，避免夹伤。

②避免用力过大。

任务 4.3　站级设备深度维护保养方法

4.3.1　自动售票机半年、年度维护保养方法

（1）自动售票机半年检

自动售票机半年检主要对模块的运行部件进行检查、补充和调整，使设备内部各主要功能模块的运行更加稳定。主要检修模块有纸币接收模块、硬币处理模块、票卡发售模块、纸币找零模块、I/O 板、工控机、线缆及打印机。

1）票卡发售模块

①检查控制板指示灯是否正常，线缆连接是否稳固。

②检查传输通道传感器是否正常,线缆连接是否稳固。

③检查传动皮带是否正常,确认位置并对开裂皮带进行更换。

2)纸币接收模块

①检查镜头表面及识别器是否完好,并清洁镜头表面。

②检查退币口O型皮带是否缺失/断裂、老化,对老化、断裂进行更换。

③检查换向器功能,用无纺布清洁表面灰尘。

3)硬币处理模块

①检查备用找零接插件有无松动,紧固部件。

②检查硬币找零机械零件磨损情况,更换磨损件。

③检查投币口电磁铁动作及线缆。

4)纸币找零模块

①检查控制板及连接线,确保稳固。

②传输通道部分:使用压缩空气清洁通道表面浮尘,使用无纺布清洁通道传输皮带表面残留污垢。

③使用棉签擦拭传感器表面,确保表面清洁,传输皮带表面无残留污垢,棱镜传感器表面无积灰即为合格。

④使用棉签擦拭吸钞轮、换向轮、压钞轮及传输电机表面污垢,确保表面无积灰、运转正常。

5)其他部件

①检查I/O控制板连接线有无松动及焦糊味,确保线缆无虚接。

②检查打印机连接线无破损,测试动作正常。

③检查各模块电源线、数据线,确保无破损、线缆连接正常。

(2)自动售票机年检

自动售票机年检主要对设备开盖、开箱检查,设备内、外部按照大功能模块进行清洁。对设备各大模块的关键、主要部件进行整体测试、调整、维护保养,对发现的问题进行修复,使设备内部各主要功能模块的运行稳定。主要检修模块有纸币接收模块、硬币处理模块、票卡发售模块、纸币找零模块、I/O板、工控机、线缆及打印机。

1)票卡发售模块

①检查控制板指示灯是否正常,线缆连接是否稳固。

②使用润滑油润滑传输轴承及磨损的压轮滚轮。

③检查模块框架及钣金件,确保无严重磨损及变形,功能正常实现。

收发卡
模块年检

④检查模块旋钮,确保无缺失。使用对应型号螺丝批对松动机械部分进行紧固。

⑤更换传输通道皮带,对鼓包及磨损严重的皮轮皮带进行更换,确保皮带性能良好。

⑥使用无纺布、压缩空气及棉签清洁传感器、读写器天线、发票控制板线缆,检查部件功能并对异常部件进行更换。

⑦检查及紧固车票发售装置部件螺丝,确保紧固件无松动。通过测试模式发售30张车票,无故障即为合格。

2）纸币接收模块

①使用浸有清洁液的棉签清洁退币摆轴,表面无尘,对松动或脱落情况进行紧固。

②使用刷子或棉签清洁入口处,表面无尘,功能正常即为合格。

③使用浸有清洁液的棉签清洁镜头镜面、识别头,表面无尘,功能正常即为合格。

④以浸有清洁液的棉签清洁分拣器轴、滚筒轴、1~35号轴,表面无尘,并对松动或脱落进行紧固。

⑤检查暂存板、电源板及电机小板线缆连接并清洁表面,连接稳固即为正常。

3）硬币处理模块

①使用无纺布、压缩空气清洁验币器,内部无尘即为合格。

②检查硬币找零器机械零件磨损情况,更换磨损件。

③更换传输通道皮带,确保传输动作正常。

④检查传输通道凹槽挡板,使用螺丝批紧固、调整。

硬币模块年检
教学视频

4）纸币找零模块

①使用棉签清洁皮带表面污垢,表面无污垢即为合格。

②使用棉签清洁传感器表面积灰,硬件测试如有损坏需更换。

③检查电机及轴承动作情况,确保动作正常。

④使用棉签沾取润滑油对轴承及易磨损部件进行润滑,运转无异响即为正常。

纸币找零模块
年检教学视频

5）不间断电源(UPS)

①检查UPS电源按键功能,能够支持规定时间放电及开关机即为正常。

②检查前面板指示灯是否正常,指示灯正常即为合格。

6）其他部件

①使用螺丝批紧固设备内松动的机械框架及轴承,并补充缺失的螺丝螺母。

②检查各组件功能(如风扇、照明、坦克链、到位锁、端子排、维修面板等),功能正常即为合格。

③检查工控机,启动正常、程序无报错即为合格。

4.3.2 自动检票机半年、年度维护保养方法

(1)自动检票机半年检

自动检票机半年检主要对模块的运行部件进行检查、补充和调整,使设备内部各主要功能模块的运行更加稳定。主要检修模块有单程票回收模块、扇门模块、I/O板、工控机、线缆。

1）单程票回收模块

①检查传感器是否完好,使用压缩空气、棉签清洁传感器,功能正常即为合格。

②检查控制板指示灯是否正常,线缆连接是否稳固,控制板功能正常即为合格。

③检查通道内皮轮是否开裂、脱落,对损坏部件进行更换。

④检测传输皮带有无起包或断裂,对损坏部件进行更换。

⑤检查机械组件,并用棉签及压缩空气进行清洁,表面无积尘、组件无缺失即为正常。

2)扇门模块

①检测磁力传感器、调整接近限位开关功能是否正常,并进行调整,动作正常即为合格。

②检查吸盘、摆臂、电磁铁功能是否正常,并进行清洁和润滑,动作正常无异响即为合格。

③检查PCM控制板指示灯是否正常,控制板功能正常连线稳固即为正常。

3)其他部件

①使用螺丝批紧固设备内松动的机械框架及轴承,并补充缺失的螺丝螺母。

②检查各组件功能(如显示器、坦克链、到位锁、端子排、喇叭等),功能正常即为合格。

③检查工控机,启动正常、程序无报错即为合格。

(2)自动检票机年检

自动检票机年检主要对设备开盖、开箱检查,设备内、外部按照大功能模块进行清洁。对设备各大模块的关键、主要部件进行整体测试、调整、维护保养,对发现的问题进行修复,使设备内部各主要功能模块的运行更加稳定。主要检修模块有单程票回收模块、扇门模块、I/O板、工控机、线缆。

1)单程票回收模块

①使用无纺布、棉签、压缩空气对单程票回收模块进行内部清洁,拆卸部件和机械零件,机构内无污垢和灰尘即为合格。

②检查车票和传动机械部件性能和磨损情况,使用清洁液对压轮、轴承、弹簧传感器等零件进行拆洗、润滑。传动正常、无异响、无磨损即为正常。

③检查通道内皮轮是否开裂、脱落,对皮带、橡胶件等磨损件进行更换。检查及紧固机构、机械部件的螺丝螺帽和其他紧固件,配合和连接安装到位即为正常。

④通过测试模式发售30张车票,无故障即为合格。

2)扇门模块

①检查电磁铁铁芯是否磨损,对其进行更换。

②检查扇门电机、涡轮减速器及摆臂动作是否正常,并对其连接处进行润滑,动作正常、无异响、无漏油即为正常。

扇门模块年检
教学视频

③检查底座机构是否按要求安装到位,无晃动、安装稳固即为正常。

④检查传感器使用棉签清洁表面,表面无积灰、指示灯变换无误即为正常。

⑤检查及紧固机构、机械部件的螺丝螺帽和其他紧固件,组装配合无误即为合格。

3)其他部件

①使用螺丝批紧固设备内松动的机械框架及轴承,并补充缺失的螺丝螺母。

②检查各组件功能(如显示器、坦克链、到位锁、端子排、喇叭、读写器SAM卡等),功能正常即为合格。

③检查工控机,启动正常、程序无报错即为合格。

④检查设备各模块线缆连接是否稳固,无断裂、虚接即为合格。

4.3.3 半自动售票机半年、年度维护保养方法

(1)半自动售票机半年检

半自动检票机半年检主要对模块的运行部件进行检查、补充和调整,使设备内部各主要功能模块的运行更加稳定。主要检修模块有车票发售模块、显示器、读写器、打印机、工控机、线缆。

1)车票发售模块

①检查控制板指示灯是否正常,线缆连接是否稳固。

②检查传输通道传感器是否正常,线缆连接是否稳固。

③检查传动皮带是否正常,确认位置并对开裂皮带进行更换。

2)其他部件

①使用螺丝批紧固设备内松动的机械框架及轴承,并补充缺失的螺丝螺母。

②检查各组件功能(如显示器、读写器、打印机、读写器 SAM 卡等),功能正常即为合格。

③检查工控机,启动正常、程序无报错即为合格。

④检查设备各模块线缆连接是否稳固,无断裂、虚接即为合格。

(2)半自动售票机年检

半自动售票机年检主要对设备开盖、开箱检查,设备内、外部按照大功能模块进行清洁。对设备各大模块的关键、主要部件进行整体测试、调整、维护保养,对发现的问题进行修复,使设备内部各主要功能模块的运行更加稳定。主要检修模块有车票发售模块、显示器、读写器、打印机、工控机、线缆。

1)车票发售模块

①检查控制板指示灯是否正常,线缆连接是否稳固。

②使用润滑油润滑传输轴承及磨损的压轮滚轮。

③检查模块框架及钣金件,确保无严重磨损及变形,功能正常实现。

④检查模块旋钮,确保无缺失。使用对应型号螺丝批对松动机械部分进行紧固。

⑤更换传输通道皮带,对鼓包及磨损严重的皮轮皮带进行更换,确保皮带性能良好。

⑥使用无纺布、压缩空气及棉签清洁传感器、读写器天线、发票控制板线缆,检查部件功能并对异常部件进行更换。

⑦检查及紧固车票发售装置部件螺丝,确保紧固件无松动。通过测试模式发售 30 张车票,无故障即为合格。

2)不间断电源(UPS)

①检查 UPS 电源按键功能,能够支持规定时间放电及开关机即为正常。

②检查前面板指示灯是否正常,指示灯正常即为合格。

3)其他部件

①使用螺丝批紧固设备内松动的机械框架及轴承,并补充缺失的螺丝螺母。

②检查各组件功能(如显示器、读写器、打印机、读写器 SAM 卡等),功能正常即为合格。

③检查工控机,启动正常、程序无报错即为合格。

④检查设备各模块线缆连接是否稳固,无断裂、虚接即为合格。

4.3.4 自动查询机半年、年度维护保养方法

(1)自动查询机半年检

自动查询机半年检主要对模块的运行部件进行检查、补充和调整,使设备内部各主要功能模块的运行更加稳定。主要检修模块有读写模块、电源模块、显示模块、线缆。

1)乘客显示器

①检查屏显、操作是否正常,操作正常即为合格。

②乘客显示器有无闪烁、异响及焦糊味,无异响异味即为合格。

2)读写模块(TPU)

①检查设备内天线板功能是否正常,功能正常即为合格。

②检查 SAM 卡有无松动、读写是否正常,SAM 卡功能正常即为合格。

③检查设备各模块线缆连接是否稳固,无断裂、虚接即为合格。

3)电源模块

①检查端子排、空气断路器、滤波器、电源盒部件是否松动,无松动即为合格。

②检查读写器 SAM 卡有无松动、读写是否正常,SAM 卡功能正常即为合格。

③检查设备各模块线缆连接是否稳固,无断裂、虚接即为合格。

(2)自动查询机年检

自动查询机年检主要对设备开盖、开箱检查,设备内、外部按照大功能模块进行清洁。对设备各大模块的关键、主要部件进行整体测试、调整、维护保养,对发现的问题进行修复,使设备内部各主要功能模块的运行更加稳定。主要检修模块有读写模块、电源模块、显示模块、线缆。

1)乘客显示器

①检查屏显、操作是否正常,屏幕有无破损,操作正常、屏幕无破损即为合格。

②检查连接线表皮有无磨损、断裂,无破损即为合格。

2)读写模块(TPU)

①检查设备内天线板功能是否正常,功能正常即为合格。

②检查 SAM 卡有无松动、读写是否正常,SAM 卡功能正常即为合格。

③检查设备各模块线缆连接是否稳固,无断裂、虚接即为合格。

3)电源模块

①检查端子排、空气断路器、滤波器、电源盒部件是否松动,无松动即为合格。

②检查读写器 SAM 卡有无松动、读写是否正常,SAM 卡功能正常即为合格。

③检查设备各模块线缆连接是否稳固,无断裂、虚接即为合格。

④测试检查 UPS 性能,达到开关机及支持放电时间指标要求即为合格。

4.3.5 自动售票机四级状态检修保养方法

自动售票机四级状态:根据纸币机动作次数或者闸机扇门动作次数,对设备开盖、开箱检查,设备内、外部深入到各大功能模块内部进行深度清洁。对设备各大模块的关键、主要部件进行分解、检查、调整,更换易损易耗零部件及配件,对发现的问题进行修复,使设备内部各主要功能模块的运行稳定。主要检修模块有纸币接收模块、硬币处理模块、票卡发售模块、纸币找零模块、I/O板、工控机、线缆及打印机。

(1)车票发售模块

车票发售模块四级状态检修保养部件共25项,分别为刮票电机、传输主电机、通道检测传感器、三角皮带电机、U型传感器、对射传感器、漫反射传感器、车票发售模块电路板、刮票电机齿轮、翻板电磁铁、升降弹簧。本书以华虹TIU-8710型号车票发售模块为例,见表4-1。

表 4-1　车票发售模块设备保养部件表

设备模块 (一级目录)	设备部件 (二级目录)	工作内容	作业标准
车票发售模块	电路板类	功能测试	指示灯正常工作
		检查螺丝、螺母是否缺失	零件补全
		接线是否紧固	接线紧固
	废票盒到位传感器(20号),满、将满传感器(13、19号)	检测更换	功能检测正常
	通道检测传感器(9、10、11、12号)	检测更换	功能检测正常
	A/B票箱将空、空传感器(21、22、23、24号)	检测更换	功能检测正常
	A/B票箱在位传感器(15、16、17、18号)	检测更换	功能检测正常
	漫反射传感器(25、26号)	检测更换	功能检测正常
	模块到位传感器	检测更换	功能检测正常
	刮票电机	保养上油	动作正常,无异响,否则更换
	传输主电机	保养上油	电机能够正常带动皮带工作
	三角皮带电机	保养上油	电机能够正常带动皮带工作
	皮带传动轴(长、中、短)	轴承紧固	无松动、轴承紧固上油
	从转轴	轴承紧固	无松动、轴承紧固上油

续表

设备模块 (一级目录)	设备部件 (二级目录)	工作内容	作业标准
车票发售模块	辅助传动轴(长、短)	轴承紧固	无松动、轴承紧固上油
	压票轴(长、短)	轴承紧固	无松动、轴承紧固上油
	压票传动轴	轴承紧固	无松动、轴承紧固上油
	压带轴	轴承紧固	无松动、轴承紧固上油
	固定轴	轴承紧固	无松动、轴承紧固上油
	升降弹簧	弹力调整	弹簧完好
	升降杆滑轨	表面清洁、紧固	无松动、根部上油
	刮票电机齿轮	有无破损	破损进行更换
	传输通道皮带	检查是否起包、断裂	对起包、断裂的皮带进行更换
	三角皮带	检查是否起包、断裂	对起包、断裂的皮带进行更换
	主传输电机皮带	检查是否起包、断裂	对起包、断裂的皮带进行更换
	单程票读写器	SAM 卡槽清洁	卡槽无异物
	电机带动刮票皮带	检查是否起包、断裂	对起包、断裂的皮带进行更换

（2）纸币接收模块

纸币接收模块四级状态检修部件共 14 项，分别为退币摆轴、韧性电缆、长度量度光栅轮关感、霍尔感应器、长度传感器、棱镜、滚筒光感应器、传输通道、电机、线缆、电源板、电机小板、纸币回收钱箱到位传感器。本书以 MEI BNA572-4L12 型号纸币接收模块为例，见表 4-2。

纸币模块四级
保养教学视频

表 4-2 纸币接收模块设备保养部件表

设备模块 (一级目录)	设备部件 (二级目录)	工作内容	作业标准
纸币接收模块	退币摆轴	以浸有清洁液的棉签清洁	表面无尘，松动或脱落进行紧固
	分拣器轴	以浸有清洁液的棉签清洁	表面无尘，松动或脱落进行紧固
	滚筒轴	以浸有清洁液的棉签清洁	表面无尘，松动或脱落进行紧固
	读头导轴	以浸有清洁液的棉签清洁	表面无尘，松动或脱落进行紧固
	1~35 号轴	以浸有清洁液的棉签清洁	表面无尘，松动或脱落进行紧固
	暂存板	表面清洁/连接线缆正常	表面无尘，无线缆虚接或脱落
	电源板	表面清洁/检查电池	表面无尘，正常无故障代码
	电机小板	表面清洁/连接线缆正常	表面无尘，无线缆虚接或脱落
	齿轮 1~5	表面清洁、润滑或更换	表面无尘、性能良好、功能正常
	驱动齿轮	表面清洁、润滑或更换	表面无尘、性能良好、功能正常
	装配体齿轮	表面清洁、润滑或更换	表面无尘、性能良好、功能正常

设备模块 (一级目录)	设备部件 (二级目录)	工作内容	作业标准
纸币接收模块	电机齿轮	表面清洁、润滑或更换	表面无尘、性能良好、功能正常
	适配钝齿轮	表面清洁、润滑或更换	表面无尘、性能良好、功能正常
	压电齿轮	表面清洁、润滑或更换	表面无尘、性能良好、功能正常

(3)硬币处理模块

硬币处理模块四级状态检修部件共 4 项,分别为硬币电路板功能检测、传输电机功能检测及润滑、螺丝螺母补全、传输皮带清洁及更换。本书以上海华虹 CM2011-XA-A 型号硬币模块为例,见表 4-3。

表 4-3　硬币模块设备保养部件表

设备模块 (一级目录)	设备部件 (二级目录)	工作内容	作业标准
硬币处理模块	电路板类	功能测试	指示灯正常工作
	传输电机	有无异响	无异响,功能测试正常
		轴承上油	测试动作顺畅
	螺丝、螺母	是否齐全	丢失进行补充
	传输皮带	表面清洁	表面无尘
		是否老化	磨损严重皮带进行更换

(4)纸币找零模块

纸币找零模块四级状态检修保养部件共 10 项,本书以广电运通 CDM6240 型号纸币找零模块为例,见表 4-4。

表 4-4　纸币找零模块设备保养部件表

设备模块 (一级目录)	设备部件 (二级目录)	工作内容	作业标准
纸币找零模块	电路板	功能测试	指示灯正常工作
		检查螺丝、螺母是否缺失	零件补全
		接线是否紧固	接线紧固
	模块到位锁	检查部件内部是否损坏	部件内部无损坏
	钱箱卡扣	检查有无变形(是否可以合并)	变形校正
		检查位置是否正常	对松动的进行位置调整
	安全门门锁	检查锁芯是否损坏	部件更换

续表

设备模块 （一级目录）	设备部件 （二级目录）	工作内容	作业标准
纸币找零模块	顶盖	检测是否变形	变形校正常
		检测位置是否正常	对影响维修旋钮的进行位置调整
	主电机	保养润滑	保养上油
		接线是否破损、是否虚接、是否紧固	线缆无破损、无虚接、紧固
		检查螺丝是否缺失松动	螺丝齐全紧固
	堵转电机	保养润滑	保养上油
	机械易损部件（轴、轴承、齿轮等）	保养润滑	保养上油
		检查部件有无损坏	部件更换
		深度清洁污垢	使用无纺布、棉签清洁剂深度清洁
	维修旋钮齿轮	检查螺丝是否松动、缺失	螺丝紧固、补齐
		位置是否正常	位置调整
		检查部件是否缺失	部件补充
	模块导轨	检查位置是否正常	对模块推拉影响的进行位置调整
		检查螺丝是否缺失及松动	零件补齐及紧固
		检查是否损坏	部件更换，功能正常

（5）其他部件

其他部件四级状态检修保养部件共 18 项，分别为 I/O 控制板、工控机、UPS、端子排、滤波器、电源盒、维修面板、照明、储值卡模块、召援、线缆、接近传感器。本书以上海华虹 TVM 为例，见表 4-5。

表 4-5　其他零部件保养部件表

设备模块 （一级目录）	设备部件 （二级目录）	工作内容	作业标准
其他零部件	I/O 控制板	功能检测	检测更换
	工控机	检测更换	功能正常
	UPS	性能测试	性能良好（断电待机时间≥30 s）
	端子排	部件是否松动	部件紧固
	滤波器	部件是否松动	部件紧固
	电源盒	部件是否松动	部件紧固
	维修面板	功能检测	功能正常
		线缆有无虚接、有无破损	功能正常、接线无虚接、无破损

设备模块 （一级目录）	设备部件 （二级目录）	工作内容	作业标准
其他零部件	维修面板开关	检测功能、内部接线是否正常	接线紧固
	维修面板键盘	内部清洁	内部无尘
	电源盒	接线是否破损、虚接	接线无损、无虚接
		部件是否松动	部件紧固
	照明灯开关、 照明灯、灯罩	检查开关是否松动、脱落，查看灯的亮度状态，灯罩内部清洁	部件紧固、照明正常、灯罩无异物
	储值卡卡槽	查看是否断裂、损坏	无断裂、损坏
	召援按钮	检查是否松动	部件紧固
		检测功能是否正常	功能正常
	线缆（电源线、通信线）	检查表皮有无磨损、断裂	表皮无磨损、断裂
	坦克链内线缆	检查表皮有无磨损、断裂	表皮无磨损、断裂
	接近传感器	检测更换	功能正常
	通气孔	深度清洁污垢	使用无纺布、棉签清洁剂深度清洁
	磁盘碎片整理	TVM磁盘碎片整理	整理系统磁盘碎片

4.3.6 自动检票机四级状态检修保养方法

自动检票机四级状态：根据纸币机动作次数或者闸机扇门动作次数，对设备开盖、开箱检查，设备内、外部深入到各大功能模块内部进行深度清洁。对设备各大模块的关键、主要部件进行分解、检查、调整，更换易损易耗零部件及配件，对发现的问题进行修复，使设备内部各主要功能模块的运行稳定。主要检修模块有单程票回收模块、扇门模块、I/O板、工控机、线缆。

（1）单程票回收模块

单程票回收模块四级状态修保养部件共19项，分别为：升降杆滑轨、传输皮带、电机传输辅助小皮轮、U形传感器、对射传感器、漫反射传感器、机械易损件、模块零小部件、模块线缆、端盖及投票口。本文以上海华虹TPU-8700型号单程票回收模块为例，见表4-6。

表 4-6　单程票回收模块设备部件表

设备模块 （一级目录）	设备部件 （二级目录）	工作内容	作业标准
单程票回收 模块	通道传感器（09、10、11、12 号）	检测更换	功能检测正常
	废票盒到位传感器 20 号，将空/将满传 感器（13、19 号）	检测更换	功能检测正常
	入票口计数传感器（5、6 号）	检测更换	功能检测正常
	U 型传感器（27、28 号）	检测更换	功能检测正常
	票箱到位检测传感器（15、16、17、18 号）	检测更换	功能检测正常
	漫反射传感器（25、26 号）	检测更换	功能检测正常
	A/B 票箱将空/将满传感器（1、2、3、4 号）	检测更换	功能检测正常
	票箱升降按钮（21、22、23、24 号）	检测更换	手动按压按钮正常升降
	票箱黑盒在位传感器（7、8 号）	检测更换	功能检测正常
	发卡机芯控制板	功能测试	指示灯正常工作
	皮带传动轴（长、中、短）	轴承紧固	无松动、轴承紧固上油
	从转轴	轴承紧固	无松动、轴承紧固上油
	辅助传动轴（长、短）	轴承紧固	无松动、轴承紧固上油
	压票轴（长、短）	轴承紧固	无松动、轴承紧固上油
	压票传动轴	轴承紧固	无松动、轴承紧固上油
	升降杆滑轨	表面清洁、紧固	无松动、根部上油
	压带轴	轴承紧固	无松动、轴承紧固上油
	模块电源线数据线	检查传感器转 接板是否正常	表皮无磨损、断裂
	固定轴	轴承紧固	无松动、轴承紧固上油

（2）扇门模块

扇门模块四级状态检修保养部件共 4 项，分别为摆臂开关传感器、摆臂、涡轮减速箱、控制连接板检查。本书以固力保 Regular flap kit for 300mm cabinet std aisle Pantone 200C 型号为例，见表 4-7。

表 4-7　扇门模块设备部件表

设备模块 (一级目录)	设备部件 (二级目录)	工作内容	作业标准
扇门机构	摆臂开关传感器	检测更换	功能正常
		检查部件是否损坏	部件更换
	摆臂	检测更换	功能正常
	涡轮减速箱	内部清洁润滑	无异响,功能正常
	控制连接板	检测更换	功能正常

(3)其他部件

其他部件四级状态检修保养部件共 14 项,分别为 I/O 控制板、工控机、UPS、端子排、滤波器、电源盒、方向指示器、刷卡灯圈、SAM 卡、维修面板、线缆、门锁。本书以上海华虹 AGM 为例,见表 4-8。

表 4-8　其他设备部件表

设备模块 (一级目录)	设备部件 (二级目录)	工作内容	作业标准
主控单元	I/O 控制板	功能检测	指示灯正常工作
	工控机	检测更换	功能正常
电源模块	UPS	性能测试	性能良好(断电待机时间≥30 s)
	端子排	部件是否松动	部件紧固
	滤波器	部件是否松动	部件紧固
指示灯	投票口指示灯	检测更换	显示正常
	方向指示灯		
	刷卡灯圈		
	顶灯		
读写模块	读写器	卡槽清洁	卡槽无异物
	SAM 卡	查看编号	编号对应
	刷卡区	查看外观	无磨损
乘客显示器	线缆(电源线)等	检查屏幕有无破损	屏幕无破损
门锁	门锁	保养上油	使用顺畅

任务 4.4   自动售检票系统典型故障维修

4.4.1   自动售票机典型故障维修

(1)故障案例一

设备正常服务,无法接收纸币。纸币正常投入后退出,无法通过纸币传输通道进入钱箱。

解决方法:

①打开维修门,输入员工账号、密码,查看纸币模块是否存在异常。

②拆下纸币模块防护外壳,断开纸币模块电源及数据线,旋转旋钮看纸币传输机是否存在异常。

③如一切正常,此时可判断为纸币模块验币器故障,拧下纸币传输机验币器上白色固定螺丝,抽出纸币验币器,用无纺布或棉签对验币镜面进行擦拭后,将验币器重新安装回纸币传输机,此时关闭维修门进行观察,如能正常接受纸币,则此故障为验币器积灰造成。

④如仍然无法接受纸币,更换验币器再次测试。如可以正常接受纸币,则判断为验币器损坏,须进行更换。

(2)故障案例二

无法发售单程票。单程票发售传输机构接收单程票发售命令后无反应。

解决方法:

①打开维修门,输入员工账号、密码,查看发票模块故障信息。

②无提示故障信息,查看车票发售模块与主控单元连接线是否正常。

③如连接正常,有提示信息,扭动绿色转轴,检查发票模块通道是否堵塞。如有堵塞异物,将其取出;如未发现堵塞,转轴无法正常前后旋转,可判断为电机故障,更换电机。

(3)故障案例三

无法接收硬币。硬币投入后无法进入暂存装置,直接掉落至找零口。

解决方法:

①打开维修门,输入员工账号、密码,查看硬币模块信息。

②根据维修面板硬币处理模块故障提示信息,此类故障一般为硬币验币器故障。

③查看硬币验币器是否能正常工作,验币器内是否存在异物,有则取出异物。

④将硬币验币器拆下,清除硬币验币器内污垢,重新安装,检查硬币验币器是否安装到位。

⑤通过软件对硬币处理模块进行复位。

(4)故障案例四

设备 UPS 警声。

解决方法:

①打开维修门,检查 UPS 状态,若 UPS 指示灯异常,放电灯常亮,则检查 TVM 空开是否已跳闸,手动复位空开,设备恢复正常。

②若 TVM 空开正常,且 UPS 红色指示灯常亮或闪烁,则关闭 TVM 检查 UPS,此状态判断为 UPS 故障,更换 UPS。

4.4.2 自动检票机典型故障维修

扇门动作异常。扇门无法正常关闭或打开,动作不受控。

解决方法:

①使用仪器检查电机连接线是否损坏。

②电机连接线完好,检查扇门的驱动电机是否运转,摆臂是否摆动,电机无动作则检查电机是否正常,电机正常则 PCM 板损坏,更换 PCM 板。

③电机运转正常,摆臂摆动,电磁铁正常工作,扇门无法关闭则 PCM 电磁铁控制损坏,更换 PCM 板。

4.4.3 半自动售票机典型故障维修

(1)故障案例一

显示屏蓝屏。显示屏显示异常。

解决方法:

①检查 12 V 电源线是否正常,电源模块保险丝是否烧毁。

②检查显示屏内部的信号连接线是否脱落。

③以上检查均无问题,则判断为 LCD 屏损坏,更换 LCD 屏。

(2)故障案例二

读写器通信异常。读写器无法通信及处理票卡信息。

解决方法:

①检查电源保险丝,若保险丝完好,则检查电源线,若电源线完好,则检查读写器电源,确保读写器正常供电。

②检查通信线连接是否松动,使通信线连接牢固。

③检查电源和通信线均无问题,检查工控机通信端口是否存在异常,若有异常则更换 ECU。

④上述步骤均无问题,则读写器损坏,更换读写器。

4.4.4 自动查询机典型故障维修

(1)故障案例一

触摸屏无响应。

解决方法：

①打开 TCM 维修门，检查是否死机，若死机则重启 TCM。

②重启后仍无法使用，检查 TCM 触摸屏连接线是否松动，重新进行插拔。

③若触摸屏损坏，则更换触摸屏。

(2)故障案例二

无法效验车票信息。设备正常服务，读卡器无法读取车票信息。

解决方法：

①打开 TCM 维修门，检查 TCM 是否死机，若死机则重启 TCM。

②重启后仍无法检验车票，检查读卡器与工控机连接线是否正常，重新进行插拔。

③用十字螺丝批拧开读卡器顶盖，检查 SAM 卡是否安装正常，并重新安装。

④更换读卡器，将 SAM 卡安装至新读卡器内进行测试。

4.4.5 自动售检票系统软件典型故障维修

(1)故障案例一

全站设备离线。设备显示正常服务，但无法连接至 SC。

解决方法：

①检查车站 AFC 设备房三层交换机、服务器是否正常。

②检查车站 AFC 设备房 UPS 输出空开是否跳闸，有跳闸，则复位空开。

③全站离线故障原因判断为 UPS 输出至交换机空开跳闸引起，复位空开。

④检查监控程序是否假死，重启程序。

(2)故障案例二

SC 与 PIS 时钟不同步。操作人员修改 SC 系统时间错误，导致全站闸机离线，无法使用。

解决方法：

①登录 CC 工作站。

②通过 CC 工作站修改 SC 服务器时间。

③TVM 一卡通重新签到，全部设备恢复正常。

(3)故障案例三

综合监控与 AFC 状态不一致。监控界面中客流数据等信息与 AFC 系统数据不符。

解决方法：

通过访问通信服务器(10.9.1.10)，查看 AFC/Log/iscs.log 文件，执行 tail -f iscs.log 命令，显示日志文件后几行输出无变化，判断为通信服务器与综合监控的接口通信数据阻塞。通过执行 iscsStop.sh，iscsStart.sh，进行重启操作后，继续查看 tail -f iscs.log，发现日志信息产生变化，再次查看空间节点情况，节点使用正常，综合监控工作站恢复正常。

项目五 高级工〔正线〕理论知识及实操技能

任务 5.1 站级设备重点部件原理及功能介绍

5.1.1 自动售票机重点部件原理及功能介绍

(1)单程票处理模块

1)皮轮、皮带

皮轮皮带主要负责刮票口、通道等部位票卡的带动驱动等功能。

以雷格特型号 SDS-CTIU-04 为例,如图 5-1 所示。

图 5-1 皮轮皮带示意图

皮轮分为大、中、小皮轮,刮票部分为挖卡皮轮,均属于易损易耗品,需定期进行表面清洁和状态检查,对膨胀、损坏、变形皮轮皮带进行更换。

2)传感器类

传感器一般分为 U 型、对射、漫反射 3 类。U 型传感器一般检测升降杆等到位;对射传感器一般有票卡位置检测、计数等功能;漫反射传感器一般用于检测票箱状态。

以雷格特型号 SDS-CTIU-04 为例,如图 5-2 所示。

(a)U型传感器　　　　　(b)对射传感器　　　　　(c)漫反射传感器

图 5-2 传感器示意图

传感器属于较精密部件,积灰位置异常等问题都会造成设备故障,所以需定期进行清洁调整。

3)电机类轴承类

电机一般用于发卡通道、入票口,票箱为升降式还包含升降杆电机。

以雷格特型号 SDS-CTIU-04 为例,如图 5-3 所示。

电机一般含带驱动轴,需定期检查驱动处是否脱落、变型,部分根据需要进行润滑。

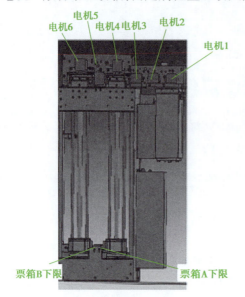

图 5-3　电机示意图

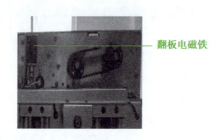

图 5-4　电磁铁示意图

4)电磁铁

电磁铁一般用于发卡通道,控制翻板的升降,使无效票卡进入废票箱等。

以雷格特型号 SDS-CTIU-04 为例,如图 5-4 所示。

电磁铁由于长期动作,常会产生位置偏移问题,需定期调整。

5)发卡控制板

发卡控制板用于信号命令的接收发送,起到整个发卡模块控制运行的作用。

以雷格特型号 SDS-CTIU-04 为例,如图 5-5 所示。

发卡控制板一般接线较多,包括工控、传感器、电机等,需要注意线缆的固定和安全。

(2)硬币处理模块

1)硬币识别器

硬币识别器主要采用检测硬币金属材料导磁率的方法,进行面值和真伪判别。

以 NRI 型号 E181P4 为例,如图 5-6 所示。

内部存在多个光感,这些光感在使用过程中容易被硬币上的异物或灰尘遮挡、造成识别率下降,需要定期进行清洁。

图5-5　发卡控制板示意图

图5-6　硬币识别器示意图

2）硬币模块控制板

硬币模块控制板用于采集硬币模块中各个部件的"到位"等信号，与各个找零机进行通信。通过这些方法来实现整个硬币模块的"识币""找零""回收"等硬币处理功能。

以三星数据型号 SDS-CM-01A 为例，如图5-7所示。

硬币模块控制板以通过控制电路来控制"硬币识别器""LED 提示灯"，并通过 485 总线的方式与各个找零机进行通信。

图5-7　硬币模块控制板示意图

图5-8　硬币暂存装置示意图

3）硬币暂存装置

硬币暂存装置是将乘客所投入硬币暂时存储的装置，等待乘客确认购票与否。若确认购票将打开一侧通道进入循环找零机；若取消购票，将打开另一侧通道进行退币（原币退回）。

以三星数据型号 SDS-CM-01A 为例，如图5-8所示。

硬币暂存装置驱动皮带和到位弹簧属于易损易耗件。

4）循环找零机

乘客投入硬币的循环再利用，配置了大容量的循环找零机，从而大大减少运营过程中更换找零箱的机会。其中的找零控制电路板，用于控制硬币的找出以及计数。

以三星数据型号 SDS-CM-01A 为例，如图5-9所示。

找零控制电路板、出币口计数对射传感器属于易损易耗件。

图5-9　循环找零机示意图

(3)纸币处理模块

以 MEI 型号 BNA572 为例,如图 5-10 所示。

光谱测量:6 种频率光波。

透射测量:纸币长度。

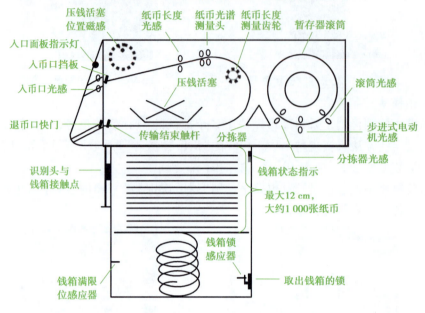

图 5-10　纸币处理模块示意图

(4)纸币找零模块

以广电运通型号 CDM6240 为例。

1)钞箱

用来加钞放置钞票,内部较为精密,外部为铆钉固定,易损件为钱箱把手、内部固定弹簧。

2)拾钞模块

把钞箱内的钞票吸出并传送到主传输通道,内含电机、皮带,需要定期清洁调整。

3)钱箱框架

物理上作为钱箱的放置空间,对内部模块给予保护。

4)钞票主传输通道

保证钞票顺利前进,内含皮带、棱镜、传感器等部件,定期进行清洁调整。

5)换向器

控制钞票的前进路径,不合格钞票需进入回收箱。

6)回收箱

回收不合格钞票及遗忘钞票,金属材质。

7）RFID 板

与钱箱中的手表式卡组成电子 ID 功能,如图 5-11 所示。

8）测试软件的使用

①启动测试软件。

输入用户名:GRGYuntong,密码:GRGBanking002152,如图 5-12 所示。

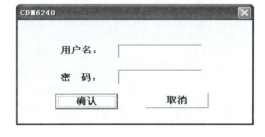

图 5-11　RFID 板示意图　　　　　图 5-12　登录界面示意图

②简易出钞流程。

在设置参数页面获取各槽位钞票参数,如不正确可重新设置,如图 5-13 所示。

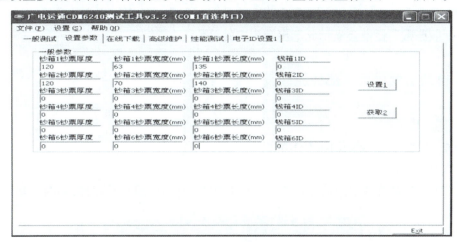

图 5-13　参数设置表示意图

例:第一槽位钞票为人民币 5 元,第一槽位钞票为人民币 10 元,设置参数如图 5-14 所示。具体参数根据实际钞票尺寸设定。可参考第 5 套人民币参数设置表。

③操作说明。

a.初始化——初始化机芯,检查机芯的所有部件的工作状态,反映出机芯是否正常,同时显示各 Sensor 的状态。

b.获取状态——获取机芯状态,在左边的图示中显示各传感器的状态,其中红色——故障,蓝色——警告,黑色——正常。

c.清理通道——把通道中的钞票回收到回收箱,如果有钞票送到出钞口则立刻停止并报错,并在"返回结果"框中提示回收钞票的张数。

d.强制清理通道——把通道中的钞票回收到回收箱或是把钞票从出钞口送出。

面　额	厚度设置	宽度×长度/（mm×mm）	
		宽度	长度
CNY100	120	77	156
CNY50	120	70	150
CNY20	120	70	145
CNY10	120	70	140
CNY5	120	63	135
CNY1	120	63	130

图 5-14　参数设置表示意图

④出钞——从各槽位出钞,张数为各槽位所设置张数的总和;执行此命令需要注意的有:

a.总出钞张数不能大于 50 张,也不能是 0 张,否则报相应的错误码。

b.不存在的槽位不能设置出钞张数,否则报相应的错误码。

c.如果选择了"测试出钞"选框,那么所出的钞票都被回收到回收箱中。

出钞完成后,"出钞数""回收数""校验数"栏中会显示各槽位相应的数目;"总出钞张数""总回收张数"栏中会显示此笔出钞相应的总数。

5.1.2　自动检票机重点部件原理及功能介绍

(1)扇门模块

以固力保型号 Standard Kit CO168KTR 为例。

1)PCM 板

a.PCM 板负责管理扇门的运行并处理所有相关的信号,属于易损件,如图 5-15 所示。

图 5-15　PCM 板示意图

b.PCM 板的管理功能有:

● 初始化和配置各部件参数。

● 确定通道类型(进站、出站、双向)。

- 管理通道传感器(接收传感器的输入信号,进行通行逻辑判断)。
- 监测闯入通道。
- 负责各部件测试。
- 保证乘客在通道内安全。

2)变压器

将输入或输出经过过滤而得到纯净的直流电,变换交流电压、交换交流电流和变换阻抗,如图5-16所示。

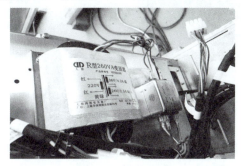

图5-16 变压器示意图

图5-17 电机示意图

3)电机

直流电机的驱动电压DC 48 V,需要定期检查电机动作情况,有无异响、动作是否顺畅等,电机内部需要定期进行润滑保养,如图5-17所示。

4)电磁铁吸盘

电磁线圈通电,保证门扇与电机输出力矩保持联动,属于易损件,如图5-18所示。

5)扇门转接板

扇门转接板也叫MIB板,上面有J1和J2两个接口,一方面将PCM提供的扇门电机电源转接给扇门的直流电机和电磁铁,另一方面将PCM提供的扇门机构传感器电源转接给扇门机构传感器,并将传感器采集的数据转接到PCM板中去,使PCM对扇门动作进行有效监视,如图5-19所示。

图5-18 电磁铁吸盘示意图

图5-19 扇门转接板示意图

6)接近限位(到位)开关(传感器)

蓝色部分为接近限位开关,当金属接近时,传感器动作,传感器与金属应保持2~3 mm的距离,物理限位,提供电机正常停止。属于易损件,如图5-20所示。

图 5-20　接近限位开关示意图

（2）单程票回收模块

以雷格特型号 SDS-CTIU-04 为例。

1）皮轮、皮带

皮轮皮带主要负责进票口、通道等部位票卡的带动驱动等功能。属于易损易耗品，需定期进行表面清洁和状态检查，对膨胀、损坏、变形皮轮皮带进行更换。

2）传感器类

传感器一般分为 U 型、对射、漫反射 3 类。U 型传感器一般检测升降杆等到位；对射传感器一般有票卡位置检测、计数等功能；漫反射传感器一般用于检测票箱状态。传感器属于较精密部件，积灰位置异常等问题都会造成设备故障，所以需定期进行清洁调整。

3）电机类轴承类

电机一般用于回收通道、入票口，票箱为升降式还包含升降杆电机。电机一般都含带驱动轴，需定期检查驱动处是否脱落、变形，部分根据需要进行润滑，如图 5-21 所示。

4）电磁铁

电磁铁一般用于发卡通道，控制翻板的升降，使无效票卡进入废票箱等。电磁铁由于长期动作，常会产生位置偏移问题，需定期调整。如图 5-22、图 5-23 所示。

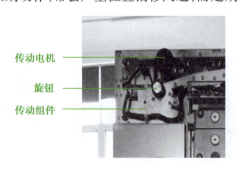

图 5-21　轴承示意图

图 5-22　翻板电磁铁示意图

5）回收控制板

回收控制板用于信号命令的接收发送，起到控制整个发卡模块运行的作用。一般接线较多，包括工控、传感器、电机等，需要注意线缆的固定和安全，如图 5-24 所示。

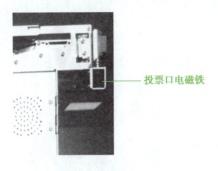

图 5-23　投票口电磁铁示意图

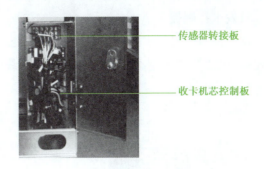

图 5-24　回收控制板示意图

5.1.3　半自动售票机重点部件原理及功能介绍

1）皮轮、皮带

以雷格特型号 SDS-CTIU-04 为例。

皮轮皮带主要负责刮票口、通道等部位票卡的带动驱动等功能。属于易损易耗品,需定期进行表面清洁和状态检查,对膨胀、损坏、变形皮轮皮带进行更换。

2）传感器类

传感器属于较精密部件,积灰、位置异常等问题都会造成设备故障,所以需定期进行清洁调整。

3）电机类轴承类

电机一般用于发卡通道、入票口,票箱为升降式还包含升降杆电机。电机一般都含带驱动轴,需定期检查驱动处是否脱落、变形,部分根据需要进行润滑,如图 5-25、图 5-26 所示。

图 5-25　轴承示意图

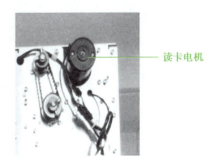

图 5-26　读卡电机示意图

4）电磁铁

电磁铁一般用于发卡通道,控制翻板的升降,使无效票卡进入废票箱等。电磁铁由于长期动作,常会产生位置偏移问题,需定期调整,如图 5-27 所示。

5）发卡控制板

发卡控制板用于信号命令的接收发送，起到控制整个发卡模块运行的作用。一般接线较多，包括工控、传感器、电机等，需要注意线缆的固定和安全，如图 5-28 所示。

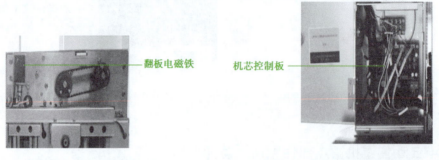

图 5-27　翻板电磁铁示意图　　　　图 5-28　机芯控制板示意图

5.1.4　自动查询机重点部件及功能介绍

（1）乘客显示屏电源板及转接板

以三星数据型号 G150XG01 为例。

TCM 乘客显示屏带有一个电源板和一个转接板，用于乘客显示屏的供电和信号转接，如图 5-29 所示。

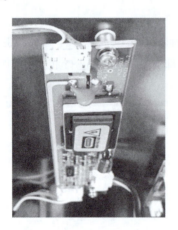

图 5-29　乘客显示屏及转接板示意图

（2）电源适配器

由于内部模块较少，TCM 区别于 AGM、TVM 等其他 SLE 设备没有电源模块，设置有一个电源适配器用于给相关模块供电，如图 5-30 所示。

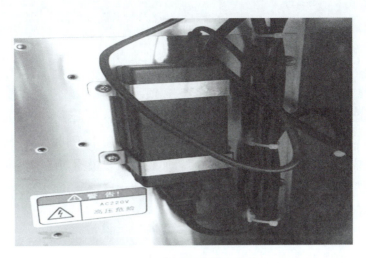

图 5-30　电源适配器示意图

任务 5.2　小改小革案例

5.2.1　工器具类小改小革

一号线维修维护专用工具制作。

（1）项目背景

正线作业人员在实际生产中,发现目前配发的制式工器具无法满足现场生产的实际需要,个别模块内部的螺丝等固定件拆卸非常困难,严重增加了作业难度,提高了员工的工作量。

（2）实施方案

制作专用工器具弯头螺丝批。

主要使用的部件:一号线 TVM 外门底部连杆固定螺丝的紧固、一号线回收模块投票口传感器螺丝紧固、一号线回收模块票箱固定座螺丝紧固。

（3）效果评估

降低了作业人员的工作强度,大幅提高工作效率。据现场测试,一号线 TVM 外门底部连杆紧固螺丝一项节约用时 40 min。

5.2.2 提高设备运行质量类小改小革

（1）二号线 AFC 站级设备加装控温装置改造项目

1）项目背景

二号线 AFC 站级设备在冬季气温较低时，容易出现发卡、回收模块胶轮硬化、漫反射传感器起水雾现象并导致设备暂停服务故障。加装控温装置预期使模块工作在设定范围内，使其工作在一个适宜的环境温度当中，避免胶轮硬化、传感器起水雾故障现象，降低因低温而导致设备故障。

2）实施方案

①试验测试阶段，进行实验室测试，主要评估控温装置外观结构、控温效果等基本功能；

②正线小范围试用阶段，在二号线故障较多的车站进行小范围安装，进行现场测试，收集测试数据，观察效果；

③正线推广阶段，经前期测试观察，扩大测试范围，将控温装置安装至客流大站，收集测试数据，观察效果；

④验收、质量检查阶段，对于在正线安装的控温装置进行测试数据收集、分析，以及故障数据比对，判断装置是否达到预设定控温温度，对降低收发卡、闸机漫反射故障是否有效。通过长期测试，观察稳定性是否符合要求，并给出验收意见。

3）效果评估

改造后，收发卡模块、漫反射传感器因低温而产生的故障量将显著下降，较改造前运行更加稳定，模块使用寿命也可以延长。

（2）二号线 TVM 线槽保护卡板改造

1）项目背景

为保护 TVM 内部线缆不受损伤，防止断线导致的线缆短路、冒烟现象，目前设想对 TVM 安全隐患明显部位进行加装线缆保护卡板，防止模块在拉动过程中夹伤线缆，杜绝安全隐患。

2）实施方案

根据线槽宽度，采用弹性不锈钢板制成，安装时将凸出线缆放入线槽，卡板和线槽的安装位置比对一下，确保安装后可将线槽内线缆全部固定，且不会压住个别线缆。接着将卡板弯折，慢慢放入线槽，由于卡板有弹性，当放入线槽后立即舒展，压住线缆，然后再将卡板推入预定位置，卡板安装完成。

①前期测试情况：试制 10 张卡板，安装在 TVM 内侧进行试验，经过一个月的观察，发现卡板将线缆固定稳当，保护效果良好。

②中期实施计划：后续进行小范围推广，试装 100 块卡板，待效果可靠后再全线推广

安装。

3）效果评估

①保护 TVM 内部线缆不受损伤，防止断线导致的线缆短路、冒烟现象，杜绝安全隐患；

②为后续提高 TVM 线缆安全性提供参考依据。

前期安装 10 张卡板进行测试，通过两个月的观察，发现效果明显，安装卡板的 TVM，其线缆均保护完好，没有一起线缆被夹断的故障发生，达到了预期目的。

5.2.3　工作效率提升类小改小革

（1）二号线 TVM 硬币钱箱非接触式读取方式改造项目

1）项目背景

西安地铁二号线的 TVM 的硬币找零模块采用探针接触式（i button）读取钱箱、加币箱的 ID。由于钱箱、加币箱频繁插拔，i button 易受到撞击而变形，同时常年使用导致 i button 探针老化，无法获取 ID，对运营工作造成极大的不便。为解决此问题，将设备内原硬币模块的钱箱、加币箱 ID 获取方式由 i button 改为非接触式（RFID），以解决无法获取硬币钱箱和加币箱 ID 对运营造成的不便，提升运营管理效率。

2）实施方案

①前期改造准备工作。

②软硬件开发，原控制板电子标签的读写只支持 i button，需重新开发支持 RFID 功能的新控制板进行替换。在主板电路上增加 4 路 RFID 读卡器的通信接口及外围电路，其他原有接口、插头、板子尺寸及安装位置保持不变。由于增加了 RFID 读卡器的控制，要求实现对其 ID 以及数据的读写，MCU 介质程序需要进行修改升级，实现对 RFID 读卡器的控制，以及配合硬币模块加币流程，并兼容已有的 i button 相关软件指令。

③线缆需增加控制板与回收箱/加币箱的 RFID 读卡器之间的通信线及电源线，以及加币箱到位开关组件。RFID 组件包含硬币模块 RFID 读卡器及钱箱 ID 芯片。

④设备改造测试，对设备进行试点改造试验，对测试设备改造后情况进行跟踪，验证设备功能完整性，确保测试阶段设备正常运转，硬币模块工作正常。

⑤正式改造验收、质量检查，通过测试结果，稳定性是否符合要求，并给出验收意见。

3）效果评估

目前测试设备试用期间效果良好，故障率降低，稳定性高，后期计划扩大范围进行设备改造。

（2）一号线发卡模块传输通道固带轮的处理方法研究

1）项目背景

一号线 2013 年开通至今，发卡模块固带轮问题一直未得到解决，备件消耗量较大，票卡发售模块固带轮为塑料材质,两边突起用以辅助传输皮带,但由于材质问题经常发生断裂或磨损,导致皮带脱落,如磨损异常还会导致轴承损坏。

2)实施方案

①排查一号线发卡模块固带轮、轴承磨损现状;

②改善一号线发卡模块传输通道滑轮材质、结构,达到易用、耐用、已更换的目的,从而减少模块皮带脱落或轴承损坏的故障;

③更换一号线发卡模块固带轮,避免此部件自身易损易坏问题及引起的皮带脱落卡票等故障。

④一号线发卡模块运行稳定,提升设备可靠性,模块故障呈下降趋势。

3)效果评估

测试设备试用期间效果较好,稳定性较高,未出现皮带脱落现象。

复习思考题

1.纸币找零由哪几个模块组成?

2.车站突发重大故障,应遵循什么样的原则?

第三部分　中央知识

项目六 初级工〔中央〕理论知识及实操技能

任务 6.1 线路中央计算机系统设备及业务功能

6.1.1 车站计算机系统设备构成

车站计算机系统主要包括车站服务器、监控工作站、票务工作站、各类 AFC 终端设备、不间断电源(UPS)、打印机等,车站计算机(SC)系统结构如图 6-1 所示。

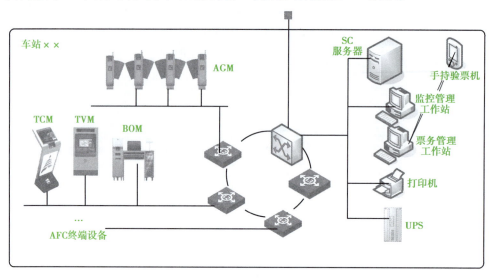

图 6-1 车站计算机系统结构示意图

6.1.2 车站计算机系统各业务功能

车站计算机系统设置于车站,是车站售检票设备监视、控制、管理的中心,同时,又起着线路中央计算机(LCC)与车站售检票设备之间信息的发送和接收的作用。

车站计算机系统用于接收线路中央计算机系统下达的运行和票务参数并下传给各终

端设备、接收终端设备上传的票务交易数据等并转发给线路中央计算机系统,负责车站终端设备的监控和管理。一般而言,每个城市轨道交通车站都会设置一套车站计算机系统。

(1)车站服务器功能

①收集车站设备的交易、审计寄存器数据以及收益、故障状态数据、设备维修数据等的统计信息,并传送到 LCC,还具有储存由 LCC 下载的运营和设置参数,并下载到所有车站设备的。

②设置车站运作参数,向车站设备下达运作命令及设置系统运行模式。

③管理车站设备网络及与 LCC 的通信。

④与线路中央进行同步时钟,并同步车站设备时钟。

⑤响应 LCC 下发的命令及数据请求。

(2)工作站功能

1)监控工作站

①监控车站设备运行状态,监控和显示车站所有设备,包括自动检票机、票房售票机、自动售票机、自动验票机、车站计算机等的状态、故障、报警信号等。

②监控车站的客流、收益、维修情况,实时并阶段性生成车站收益、客流及维修报表。

③具有车站设备维修管理功能,可通过车站计算机系统进行设备设置,更新车站设备的软件。

④系统实现对各个部件模块故障的自动检测,故障处理、故障修复数据及时准确上传至车站计算机系统。

⑤提供与综合监控系统相关的接口。

2)票务工作站

①接受车票的调配指令。

②把钱箱清点情况、备用金的增减情况等数据输入上传。

③当票房售票机操作员交班后,收集当班操作员售票数据。

④运营开始前上传自动售票机中的备用金额。

⑤在运营结束后能够查询当天的现金管理报表,并可查询规定时间内(参数控制)的报表。

(3)不间断电源(UPS)

车站计算机系统失电情况下,UPS 将为 AFC 车站计算机系统提供后备电源,并进行必要的隔离和滤波,防止外部电压波动对设备运行的干扰。同时,UPS 应有防止由于机内各种不可预测的故障(如短路、过压、欠压)所引起对自身和对与其连接的设备的损坏的保护装置。

6.1.3　线路中央计算机系统设备构成

线路中央计算机(LCC)系统设备主要包括数据库服务器、应用服务器、磁盘阵列、磁带库、磁带机、网络设备(交换机、路由器、防火墙、光纤交换机等)、功能工作站、UPS、报表服务器、通信服务器等。

线路中央计算机系统是自动售检票系统的核心,可实现对自动售检票系统的所有设备的监控,系统运行、收益及设备维护集中管理,系统数据集中采集、统计及管理,通过清分系统实现与城市"一卡通"系统的数据接口及财务清算功能,并预留与今后线网清算管理系统的接口。

线路中央计算机系统数据库服务器采用集群配置。当其中一台数据库服务器故障时,另一台数据库服务器能接管和运行,并能承担所有任务。当一台数据库服务器完全承担所有任务时,其运行负荷不应超过其设计满负荷的70%。LCC 具备足够的容量,在不需要增加软件和硬件的情况下,可以控制和管理 70 个车站。其结构如图 6-2 所示。

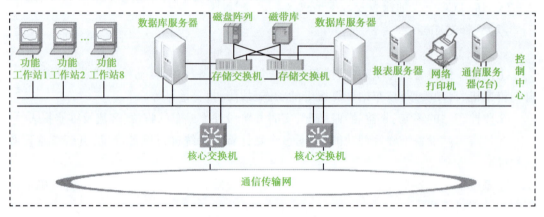

图 6-2　线路中央计算机系统结构示意图

线路中央计算机系统是线路自动售检票系统的运营管理中心和票务交易数据存储、管理和分析中心,用于监控和管理线路自动售检票系统的运营和各种业务报表处理。线路中央计算机系统可以接收票务清分系统下发的运营参数并下发至车站计算机系统,同时接收车站计算机系统上传的各类交易和管理数据,并按照票务清分系统的要求上传。一般而言,每条城市轨道交通线路都会设置一套线路中央计算机系统。

任务 6.2　清分系统设备及业务功能

6.2.1　清分系统设备构成

清分系统结构如图 6-3 所示。

①清分结算系统一般设置两台清分及线网运营管理服务器、两台历史数据及报表服务器,分别以集群方式运行,并设置一套磁盘阵列和一套磁带库,通过光纤交换机组成高

速存储局域网。

②数据管理系统一般设置两台通信及数据交换服务器,作为清分系统与所有互联系统的物理接口及与外部系统进行数据交换的平台,并设三层主交换机(具路由器功能)两台,以集群方式运行。

③设备管理系统、票务管理系统、票卡处理系统、报表管理系统、访问控制系统、决策支持系统、在线查询系统等分别作为独立的管理系统与清分结算系统共用服务器。

④网络管理系统设置一台单独服务器,通过局域网与各系统相连。

⑤密钥管理系统、安全认证系统利用通过局域网与车站各终端系统设备相连。

⑥模拟测试系统一般设置一台清分服务器、一台开发测试服务器、若干台工作站,以上设备通过一台网络交换机组成局域网。

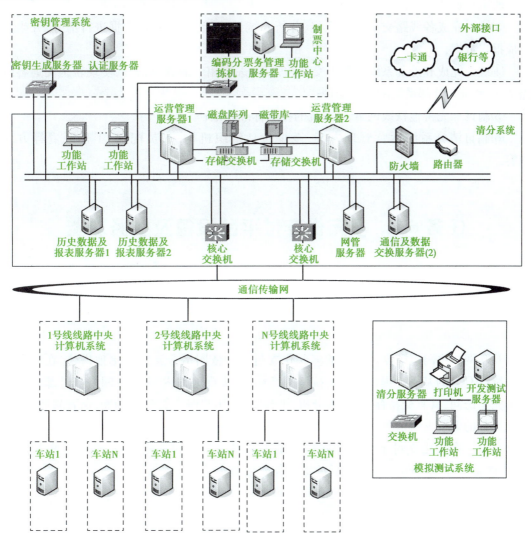

图6-3 清分系统结构示意图

6.2.2　清分系统各业务功能

清分系统(AFC Clearing Center,ACC)作为整个 AFC 专业系统的网络级的中心系统,主要实现对 AFC 系统的参数设置、收益清分、模式通知等核心功能,以及系统数据的集中汇集、存储、备份和统计分析功能,并且统一规范 AFC 系统的外部接口和协议。其主要业务功能有:

①统一管理和下发地铁各线路共同的参数文件,并对各线路 AFC 系统运营进行统一监控和管理;

②统一管理地铁 AFC 系统密钥和各线路票卡编码分拣设备,发行轨道交通各类票卡,实现轨道交通各线路间一卡通用;

③统一完成各线路交易数据采集、分析和统计功能,并对收益数据进行清分,并生成相应报表数据;

④统一完成和外部系统的数据交换和管理,进行相应的收益清分,实现轨道交通各线路 AFC 系统与外部系统的一卡通用;

⑤制订和完善地铁线网 AFC 系统的技术标准规范;

⑥制订清分系统运营管理方案,至少包括组织机构、人员配置、工作职责等方面内容。

任务 6.3　多元化支付平台设备及业务功能

6.3.1　多元化支付平台设备构成

互联网二维码电子支付业务的多元化支付平台依附清分系统而单独搭建,在现有清算系统(ACC)的基础上提供安全的接口网络环境,实现地铁内部 AFC 网络与外部网络之间的完全访问,具有交易存储、报表分析、平台对账、用户账户管理等功能,负责接收、转发终端设备的电子支付请求,转发电子支付服务器端的应答,完整记录所有终端的电子支付交易记录。多元化支付平台功能除需满足本项目电子支付业务需求,还需要满足地铁AGM 移动支付、票亭移动支付和后续地铁各类移动支付业务需求。

多元化支付平台的设备构成包括以下设备:

①计算服务器。

②存储服务器。

③以太网千兆交换机。

④以太网万兆交换机。

⑤企业级数据库系统。

⑥云平台管理软件。

⑦防火墙,加配 IPS 模块、加配防病毒模块。

⑧Web 应用防火墙。

⑨维审计系统(堡垒机)。

⑩数据库审计系统。

⑪漏洞扫描系统。

⑫网络版杀毒软件。

⑬UPS。

6.3.2　多元化支付平台各业务功能

多元化支付平台二维码系统业务功能主要包含参数管理、发码、交易认证、票务清分、设备认证、报表管理等。各功能模块如图 6-4 所示。

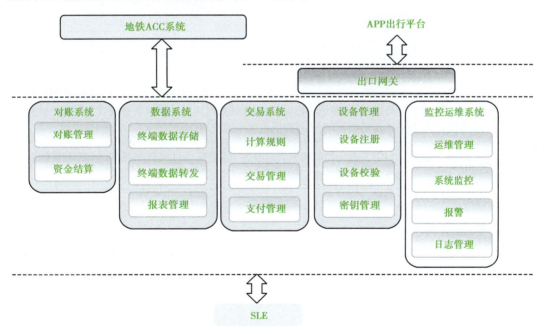

图 6-4　多元化支付平台功能模块划分示意图

（1）发码功能

从 APP 后台获取二维码公钥并进行管理,同时负责维护二维码生成的规则与定义。

（2）参数管理功能

参数管理功能用于多元化支付平台获取 ACC 参数、管理终端与手机客户端参数的功能,主要包括 ACC 参数导入管理、终端参数管理、手机客户端参数管理等。

①ACC 参数包括路网拓扑参数、购票界面参数、票价参数、票种参数等。

②手机客户端参数包括路网拓扑参数、界面参数、票价参数、票种参数等。

③终端参数包括交易处理参数等。

（3）交易认证功能

多元化支付平台采集到用户二维码交易数据后，根据认证规则对交易数据的正确性、完整性等予以认证。对非法数据予以剔除，对合法性数据按照地铁 ACC 票价参数予以匹配，并发送相应的用户扣费指令。

（4）票务清分功能

清分功能是多元化支付平台内部数据清算、外部系统进行业务数据及账务数据对接的核心系统，其主要功能见表 6-1。

表 6-1 票务清分功能模块表

功能模块	功能描述
数据导入	导入系统需要处理的业务数据和账务数据
数据校验	通过数据校验保证系统接收到的数据的完整性、准确性、唯一性和安全性
数据清分	对系统接收到的数据进行清分。需处理的数据包括但不限于出入闸机交易数据等
数据生成	按照 ACC 数据交换接口，根据清分结果按线路或站点进行交换文件的生成；按照第三方支付系统的接口，生成对账文件
异常数据处理	对接收的所有交易数据进行检查、排错，错误的数据按照指定的处理规则进行处理，并同时记录错误信息，经过处理规则处理的消息或者文件同时被标注上错误类型代码，供相应的报表查询使用
对账结算	与第三方支付机构完成购票款、信用取票过闸代扣款项、BOM 更新款项等的核对与结算工作

（5）清分规则

多元化支付平台实现二维码电子票务的清分，清分规则按照 ACC 系统生成的规则进行，即站站清分和线线清分。站站清分和线线清分中各线路清分比例，都采用与 ACC 相同的版本。

（6）数据核实

交易数据不通过闸机→SC→LCC→ACC→多元化支付平台的传输路径，而是直接由闸机→多元化支付平台，多元化支付平台根据交易数据提供统计报表。

（7）报表管理功能

报表管理包括运营报表管理、资金结算报表管理等功能，包括但不限于以下报表内容：

①用户活跃度统计表（日/月/年）。

②新增用户统计表（月/季/年）。

③订单支付分类统计表（按支付渠道，日/月/年）。

④订单受理分类统计表(按受理类型,日/月/年)。

⑤线路/车站/终端设备交易统计表(日/月/年)。

(8)设备监控功能

多元化支付平台需要对终端设备监控以下内容:

①闸机设备登记。

②二维码设备登记。

③机设备状态。

④二维码设备状态。

⑤BOM-POS 设备登记。

⑥BOM-POS 设备状态。

(9)时钟同步

确保多元化支付平台与 GPS 时钟同步。

任务 6.4　车站计算机系统日常维护

车站计算机系统维护范围主要有车站服务器、核心交换机、工作站、不间断电源(UPS)等,其各自的维护内容如下:

(1)车站服务器

①检查服务器工作状态。

②检查服务器应用程序进程。

③检查服务器数据库运行情况。

④清洁服务器积灰。

⑤检查服务器磁盘空间使用情况。

⑥检查服务器磁盘空间节点使用情况。

⑦检查服务器 CPU 使用情况。

⑧检查服务器内存使用情况。

⑨检查服务器时钟对时功能。

(2)核心交换机

①清洁交换机表面积灰。

②检查交换机指示灯状态。

③检查交换机 CPU 使用情况。

④检查交换机内存使用情况。

⑤检查交换机功能状态。

(3)工作站

①清洁工作站积灰。

②检查工作站主机、显示器、键盘、鼠标等状态。

③检查工作站应用程序。

④检查工作站时钟状态。

⑤检查工作站与车站服务器连接状态。

⑥检查工作站病毒库版本。

⑦检查工作站磁盘空间使用情况。

⑧检查工作站 CPU 使用情况。

⑨检查工作站内存使用情况。

(4)不间断电源

①检查 UPS 指示灯状态及外观。

②检查 UPS 电池柜外观及状态。

③检查 UPS 主机运行情况。

④检查 UPS 电池状态。

⑤检查 UPS 电池电压状态。

⑥检查 UPS 主机功能切换能力。

(5)车站服务器

①检查服务器指示灯状态是否处于正常状态,异常时及时上报并进行故障处理。

②登录服务器,查看服务器程序运行状态,是否存在假死或进程运行异常。

③登录数据库客户端,检查数据入库情况、客户端连接情况。

④穿戴绝缘手套,使用无纺布对车站服务器表面进行清洁。

⑤根据操作系统类型,采用不同方式检查磁盘空间使用情况。

⑥根据操作系统类型,采用不同方式检查磁盘空间节点使用情况,部分操作系统不存在该概念。

⑦通过检查服务器时钟对时日志查看服务器时钟功能是否正常。

(6)交换机

①穿戴防静电手环,使用无纺布对交换机表面进行清洁。

②查看交换机指示灯状态是否正常。

③登录交换机,查看交换机 CPU 使用情况。

④登录交换机,查看交换机内存使用情况。

⑤通过 ping 命令检查交换机连接设备网络连通性,保证设备通信正常。

(7)工作站

①穿戴防静电手环,使用无纺布对工作站进行清洁。

②使用无纺布清洁工作站主机、显示器、键盘、鼠标,检查设备灵活状态,对不满足要求的部件进行更换。

③工作站应用程序可正常登录,程序各功能正常。

④与服务器时钟进行对比,确保时间一致。

⑤检查病毒库版本更新时间(每月升级 1 次)。

⑥登录工作站,查看磁盘空间使用情况。

⑦登录工作站,在任务管理器中查看 CPU 和内存使用情况。

(8)不间断电源(UPS)

①查看 UPS 指示灯状态及外观状态。

②查看 UPS 电池柜外观。

③通过 UPS 面板查看市电输入及 UPS 供电方式是否正常。

④通过观察检查电池是否有凸起、漏液等情况。

⑤采用专业工具检查 UPS 电池电压。

⑥断开市电,检查 UPS 供电方式是否切换为电池供电;当市电恢复时,供电方式是否回切。

车站计算机系统(SC)
日巡检作业视频

任务 6.5　线路中央计算机系统设备日常维护

线路中央计算机系统维护范围主要有数据库服务器、应用服务器、磁带库、磁盘阵列、网络设备(路由器、防火墙、交换机等)、不间断电源(UPS)等,其维护项目如下:

(1)数据库服务器

①检查服务器指示灯状态及外观。

②检查服务器运行情况。

③检查服务器数据处理情况。

④检查服务器磁盘空间使用情况。

⑤检查服务器磁盘空间节点使用情况。

⑥检查服务器 CPU 使用情况及状态。

⑦检查服务器内存使用情况及状态。

(2)应用服务器

①检查服务器指示灯状态及外观。

②检查服务器运行情况。

③检查服务器程序运行情况。

④检查服务器磁盘空间使用情况。

⑤检查服务器磁盘空间节点使用情况。

⑥检查服务器 CPU 使用情况。

⑦检查服务器内存使用情况。

(3)磁盘阵列

①检查磁盘阵列指示灯状态及外观。

②检查磁盘阵列控制器运行状态。

③检查磁盘阵列控制器电池状态。

④检查磁盘阵列电源模块状态。

⑤检查磁盘阵列物理磁盘状态。

⑥检查磁盘阵列存储状态。

⑦检查磁盘阵列冗余性及主机组状态。

(4)磁带库

①检查磁带库指示灯状态及外观。

②检查磁带库 Library 状态。

③检查磁带库 Driver 状态。

(5)网络设备

①清洁网络设备表面积灰。

②检查网络设备指示灯状态。

③检查网络设备 CPU 使用情况。

④检查网络设备内存使用情况。

⑤检查网络设备功能状态。

(6)不间断电源(UPS)

①检查 UPS 指示灯状态及外观。

②检查 UPS 电池柜外观及状态。

③检查 UPS 主机运行情况。

④检查 UPS 电池状态。

⑤检查 UPS 电池电压状态。

⑥检查 UPS 主机功能切换能力。

(7)数据库服务器

①查看设备指示灯状态及服务器外观状态。

②通过相应数据库客户端可正常登录并进行数据查询。

③测试数据可否正常入库、统计、分析。

④根据操作系统类型,通过相应操作或命令查看服务器磁盘空间使用情况。

⑤根据操作系统类型,通过相应操作或命令查看服务器磁盘空间节点使用情况。

⑥根据操作系统类型,通过相应操作或命令查看服务器 CPU 使用情况及状态。

⑦根据操作系统类型,通过相应操作或命令查看服务器内存使用情况及状态。

(8)应用服务器

①查看设备指示灯状态及服务器外观状态。

②登录服务器,通过程序命令检查服务器应用程序运行状态,查看程序是否存在假死或其他异常情况。

③登录服务器,通过程序命令检查服务器数据处理情况,查看是否存在数据堵塞情况。

④根据操作系统类型,通过相应操作或命令查看服务器磁盘空间使用情况。

⑤根据操作系统类型,通过相应操作或命令查看服务器磁盘空间节点使用情况。

⑥根据操作系统类型,通过相应操作或命令查看服务器CPU使用情况及状态。

⑦根据操作系统类型,通过相应操作或命令查看服务器内存使用情况及状态。

(9)磁盘阵列

①查看磁盘阵列指示灯状态及外观,查看是否有异常指示灯或外观损坏情况。

②通过磁盘阵列管理软件检查控制器运行情况、控制器电池状态、电源模块状态、物理磁盘状态、存储状态、冗余性及主机组状态。

(10)磁带库

①查看磁带库指示灯状态及外观,检查是否有异常指示灯或外观损坏情况。

②通过磁带库面板操作按钮检查磁带库 Library 状态和 Driver 状态。

(11)网络设备

①穿戴防静电手环,使用无纺布对网络表面进行清洁。

②查看网络设备指示灯状态是否正常。

③登录相应网络设备,查看网络设备 CPU 使用情况。

④登录相应网络设备,查看网络设备内存使用情况。

⑤通过 Ping 命令检查与网络设备连接的设备网络连通性,保证设备通信正常。

(12)不间断电源(UPS)

①查看 UPS 指示灯状态及外观状态。

②查看 UPS 电池柜外观。

③通过 UPS 面板查看市电输入及 UPS 供电方式是否正常。

④通过观察检查电池是否有凸起、漏液等情况。

⑤采用专业工具检查 UPS 电池电压。

线路中央计算机系统
个(LC)日巡检视频

⑥断开市电,检查 UPS 供电方式是否切换为电池供电;当市电恢复时,供电方式是否回切。

任务 6.6　清分系统日常维护保养

6.6.1　清分系统日常维护保养范围

清分系统保养范围主要有数据库服务器、应用服务器、磁带库、磁盘阵列、网络设备(路由器、防火墙、交换机等)、SAM 卡认证服务器、TAC 认证服务器、时钟服务器、不间断电源(UPS)等,其主要的维护项目如下:

(1)数据库服务器

①检查服务器指示灯状态及外观。

②检查服务器运行情况。

③检查服务器数据处理情况。

④检查服务器磁盘空间使用情况。

⑤检查服务器磁盘空间节点使用情况。

⑥检查服务器 CPU 使用情况及状态。

⑦检查服务器内存使用情况及状态。

⑧检查服务器集群功能状态。

（2）应用服务器

①检查服务器指示灯状态及外观。

②检查服务器运行情况。

③检查服务器程序运行情况。

④检查服务器磁盘空间使用情况。

⑤检查服务器磁盘空间节点使用情况。

⑥检查服务器 CPU 使用情况。

⑦检查服务器内存使用情况。

⑧检查服务器集群功能状态。

（3）磁带库

①检查磁带库指示灯状态及外观。

②检查磁带库 Library 状态。

③检查磁带库 Driver 状态。

④检查磁带库运行状态。

（4）磁盘阵列

①检查磁盘阵列指示灯状态及外观。

②检查磁盘阵列控制器运行状态。

③检查磁盘阵列控制器电池状态。

④检查磁盘阵列电源模块状态。

⑤检查磁盘阵列物理磁盘状态。

⑥检查磁盘阵列存储状态。

⑦检查磁盘阵列冗余性及主机组状态。

（5）网络设备

①清洁网络设备表面积灰。

②检查网络设备指示灯状态。

③检查网络设备 CPU 使用情况。

④检查网络设备内存使用情况。

⑤检查网络设备功能状态。

⑥检查网络设备双机切换功能状态。

（6）SAM 认证服务器、TAC 认证服务器、时钟服务器

①检查服务器指示灯状态及外观。

②检查服务器程序运行情况。

③检查服务器磁盘空间使用情况。

④检查服务器磁盘空间节点使用情况。

⑤检查服务器 CPU 使用情况。

⑥检查服务器内存使用情况。

(7)不间断电源(UPS)

①检查 UPS 指示灯状态及外观。

②检查 UPS 电池柜外观及状态。

③检查 UPS 主机运行情况。

④检查 UPS 电池状态。

⑤检查 UPS 电池电压状态。

⑥检查 UPS 主机功能切换能力。

6.6.2 清分系统日常保养方法

(1)数据库服务器

①查看设备指示灯状态及服务器外观状态。

②通过相应数据库客户端可正常登录并进行数据查询。

③测试数据可否正常入库、统计、分析。

④根据操作系统类型,通过相应操作或命令查看服务器磁盘空间使用情况。

⑤根据操作系统类型,通过相应操作或命令查看服务器磁盘空间节点使用情况。

⑥根据操作系统类型,通过相应操作或命令查看服务器 CPU 使用情况及状态。

⑦根据操作系统类型,通过相应操作或命令查看服务器内存使用情况及状态。

⑧通过数据库集群命令,对数据库服务器进行切换,以保证一台数据库服务器故障时不影响 AFC 系统业务运行。

(2)应用服务器

①查看设备指示灯状态及服务器外观状态。

②登录服务器,通过程序命令检查服务器应用程序运行状态,查看程序是否存在假死或其他异常情况。

③登录服务器,通过程序命令检查服务器数据处理情况,查看是否存在数据堵塞情况。

④根据操作系统类型,通过相应操作或命令查看服务器磁盘空间使用情况。

⑤根据操作系统类型,通过相应操作或命令查看服务器磁盘空间节点使用情况。

⑥根据操作系统类型,通过相应操作或命令查看服务器 CPU 使用情况及状态。

⑦根据操作系统类型,通过相应操作或命令查看服务器内存使用情况及状态。

⑧通过集群命令,对应用服务器进行切换,以保证一台应用服务器故障时不影响 AFC 系统业务运行。

(3)磁带库

①查看磁带库指示灯状态及外观,检查是否有异常指示灯或外观损坏情况。

②通过磁带库面板操作按钮检查磁带库 Library 状态、Driver 状态以及磁带库运行状态。

(4)磁盘阵列

①查看磁盘阵列指示灯状态及外观,查看是否有异常指示灯或外观损坏情况。

②通过磁盘阵列管理软件检查控制器运行情况、控制器电池状态、电源模块状态、物理磁盘状态、存储状态、冗余性及主机组状态。

(5)网络设备

①清洁网络设备表面积灰。

②检查网络设备指示灯状态。

③检查网络设备 CPU 使用情况。

④检查网络设备内存使用情况。

⑤检查网络设备功能状态。

(6)SAM 认证服务器、TAC 认证服务器、时钟服务器

①查看设备指示灯状态及服务器外观状态。

②登录相应服务器,检查服务器应用程序运行状态,查看程序是否存在假死或其他异常情况。

③根据操作系统类型,通过相应操作或命令查看服务器磁盘空间使用情况。

④根据操作系统类型,通过相应操作或命令查看服务器磁盘空间节点使用情况。

⑤根据操作系统类型,通过相应操作或命令查看服务器 CPU 使用情况及状态。

⑥根据操作系统类型,通过相应操作或命令查看服务器内存使用情况及状态。

(7)不间断电源(UPS)

①查看 UPS 指示灯状态及外观状态。

②查看 UPS 电池柜外观。

③通过 UPS 面板查看市电输入及 UPS 供电方式是否正常。

④检查电池是否有凸起、漏液等情况。

⑤采用专业工具检查 UPS 电池电压。

清分系统(ACC)日
巡检作业视频

⑥断开市电,检查 UPS 供电方式是否切换为电池供电;当市电恢复时,供电方式是否回切。

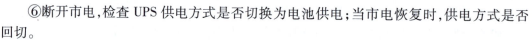

任务 6.7 常见故障维修

6.7.1 网络中断

(1)故障描述

AFC 系统网络监控软件提示交换机通信异常,有报警提示。

（2）故障排除

①检查交换机网络连接线路是否松动,如松动需重新连接网络线缆。

②使用 ping 命令检查交换机与 AFC 系统网络通信状态,如果通信异常,检查交换机配置是否正确,若交换机配置异常,则重新配置交换机。

③若交换机配置正确,则重启交换机(可通过软件方式重启或重新插拔交换机电源线方式)。若重启后通信仍然异常,则更换交换机备件。

6.7.2　ACC 时钟服务器时钟异常

（1）故障描述

ACC 时钟服务器与母钟时钟不一致。

（2）故障排除

①再次确定 ACC 时钟与母钟不同步情况下是否是母钟的时间不准确,如果是则调整母钟时间,否则按如下步骤继续。

②检查 ACC 时钟服务器与连接母钟的串口线是否松动。

③如硬件串口线连接正常,则由清分系统维护人员进行人工调整,重新打开时钟 NTP同步进程,确保运行正常且时钟已再次同步。

6.7.3　不间断电源(UPS)市电供电异常

（1）故障描述

市电供电故障导致 UPS 供电方式切换为电池供电。

（2）故障排除

①市电供电故障导致清分系统 UPS 供电异常,检查 UPS 是否将市电供电自动转换为电池供电。

②若短时间的市电中断情况下,UPS 可自动切换到电池供电模式,市电正常后 UPS 会自动切换到正常模式。

③若长时间市电中断,则需关闭 UPS 主机。关机顺序为先关闭所有负载设备,关闭逆变器,断开电池开关,断开整流器开关,断开旁路电源开关,然后再关闭 UPS 主机。

④市电恢复供电后开机顺序与关机顺序相反。

复习思考题

1.清分系统的各项业务功能都有什么?

2.简述 UPS 断电故障处理原则及要点。

项目七　中级工〔中央〕理论知识及实操技能

任务 7.1　车站计算机系统设备原理

车站计算机系统服务器原理如下所述。

(1)车站计算机系统

车站计算机系统(SC)是 AFC 系统的重要组成部分,直接控制 AFC 终端设备的基本管理单元。车站计算机系统主要包括车站服务器、监控工作站、票务工作站、各类 AFC 终端设备、UPS、打印机等,车站计算机系统构成如图 7-1 所示。

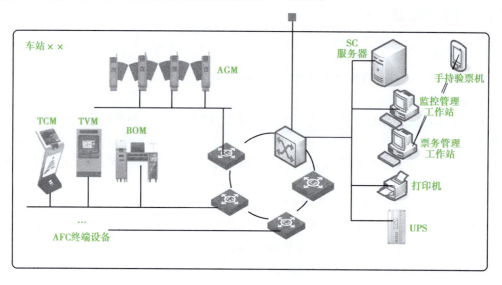

图 7-1　车站计算机系统构成图

车站服务器的主要功能如下:

①收集车站设备的交易、审计寄存器数据,以及收益、故障状态数据、设备维修数据等的统计信息,并传送到 LCC。

②储存由 LCC 下载的运营和设置参数,并下载到所有车站设备。

③设置车站运作参数,向车站设备下达运作命令及设置系统运行模式。

④管理车站设备网络及与 LCC 的通信。

⑤与 LCC 同步时钟,并同步车站设备时钟。

⑥响应 LCC 下发的命令及数据请求。

车站计算机系统服务器运行车站计算机系统应用程序和数据库,24 h 连续运行,能在开机和恢复供电时自启;具备手动开机功能和自诊断功能,预留足够插槽满足未来扩展需求;装有防病毒软件和防火墙软件保证系统的安全。

车站计算机系统采用成熟的、结构化的 AFC 系统通用架构模型来实现其功能,提高系统适应能力及扩展能力,方便使用及管理。

(2)车站计算机系统数据库原理

1)车站计算机系统数据处理流程

车站的数据库系统与中央的数据库系统可实现系统各类数据快速、安全的交换。车站设备的状态数据由 SC 收集,在 SC 获得数据后负责通知操作终端,并向 LCC 转发该状态。SC 进行本身的存库操作和通知中央计算机的处理,其业务流程如图 7-2 所示。

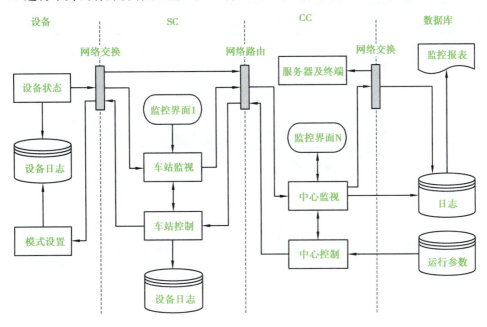

图 7-2　SC 存库操作业务流程图

车站设备的状态数据在保存完成后再发送通知消息到 SC。所有的监视状态类数据都要保存在数据库中,同时发送消息通知操作终端。

操作终端在进入监视功能化时,从其数据库中读取全部的监视状态数据到内存,已处在监视功能状态中的操作终端在接到 LCC 状态通知时直接从内存数据中获得设备的状态数据,而不是从数据库中读取,这样可以很大程度上减轻系统的负担,提高系统的性能。

2）数据保存

车站计算机系统数据采用二进制格式保存于数据库中，在数据文件保存的过程中采用事务触发处理，比如保存过程中出现问题，可马上回滚，保证之前数据的合法和完整。

车站计算机保存的数据包括车站终端设备上传的交易数据，以及从 LCC 下发给 SC 的通知及参数等数据。

3）设备异常状态检查

车站计算机系统监控界面可对设备的机械故障，非法使用（如非法打开票箱）情况进行检查和监控，同时对于需要车站操作员注意的异常状态等都通过统一的管理界面进行管理和提示，从而最大程度确保车站设备状态的及时掌握。

（3）车站计算机系统网络设备原理

车站计算机系统配置一台工业三层交换机，辅以车站二层工业交换机。其中车站三层交换机通过 100 M 以太网口接到通信传输网提供的通信线路上，接入 LCC 的 2 台核心交换机。另外工业二层交换机提供 100 M 以太网接口，使各终端设备接入，网络结构如图 7-3 所示。

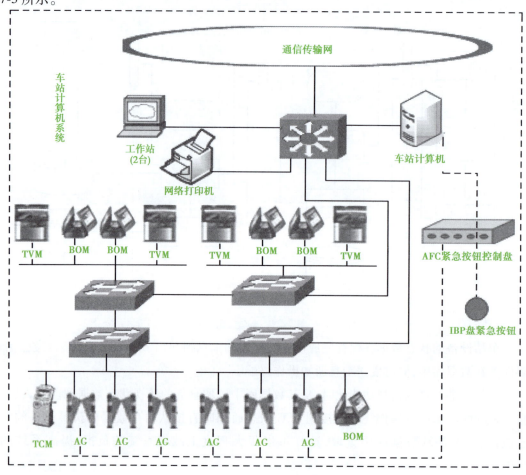

图 7-3　SC 网络结构图

车站局域网构成了本线路各车站计算机 AFC 系统网络,采用交换机将各车站设备及相关信息点进行汇聚接入。

任务 7.2　线路中央计算机系统设备原理

7.2.1　线路中央计算机系统服务器原理

LCC 内一般配置两台中央计算机服务器,实现双机热备。所谓双机热备就是使用互为备份的两台服务器共同执行同一服务,其中一台主机为工作机,另一台主机为备份机。在系统正常情况下,工作机为应用系统提供服务,备份机监视工作机的运行情况(工作机同时也在检测备份机是否正常),当工作机出现异常,不能支持应用系统运营时,备份机主动接管工作机的工作,继续支持关键应用服务,保证系统不间断运行。

为了保证 LCC 应用运行的稳定性和可靠性,LCC 的功能被部署在不同的服务器上。LCC 系统还包括通信服务器、数据库服务器、报表服务器等。其中通信服务器采用双机冗余架构,实现与各个 SC 的数据交换功能,具有协调外部数据与系统数据处理的功能;报表查询工作站安装有报表生成功能模块,报表服务器提供报表生成服务。

7.2.2　线路中央计算机系统数据库原理

LCC 数据库服务器采用集群配置。当其中一台数据库服务器故障时,另一台数据库服务器能接管和运行,并能承担所有任务。当一台数据库服务器完全承担所有任务时,其运行负荷不应超过其设计满负荷的 70%。

数据库系统支持复杂数据结构、多用户、多处理、大容量运算,提供应用级的备份能力、恢复能力、数据集成,可利用硬件平台具有的容错能力及自身的容错能力对数据进行保护,起到保障数据安全的作用。

数据库系统具有远程数据操作及维护功能,同时支持 RANGE 分区和 HASH 分区;具有数据挖掘、集群功能;支持并行处理;系统能在开机和恢复供电时自启,并具备手动开机选择功能,配备冗余电源。

(1)线路中央数据库功能

线路中央主数据库服务器,采用双机热备、磁盘阵列的集中处理模式,是 LCC 的核心服务器,完成对交易数据的集中处理,主要功能包括:

①按照业务规则对交易数据进行分类整理。

②对设备数据进行审核。

③完成每日交易的现金核算。

④处理票卡的即时和非即时退款申请。

⑤通过交易数据完成线路的收益核算和统计。

⑥与清分系统之间进行清算对账,并响应错误数据的重新处理请求。

⑦交易异常处理和黑名单管理。

⑧提供数据分析与决策支持。

⑨运营结束程序处理。

⑩提供设备监视、设备控制、客流统计等功能。

⑪系统运营模式的接收与下发。

⑫参数类型定义、参数维护以及参数变更管理。

⑬软件版本更新管理。

⑭权限与操作日志管理。

⑮后台监控与审计等功能。

(2)磁盘阵列、磁带库

①磁盘阵列:为了保证运营数据的安全性,并且提高系统的性能,把业务数据与应用服务分离,之间通过高速光纤通道连接。磁盘阵列位于数据库服务器的后端,将数据库服务器的数据进行保存。

②磁带库:提供历史数据备份的功能和媒介。磁带库位于磁盘阵列的后端,将磁盘阵列的数据进行保存。

7.2.3 线路中央计算机系统网络设备原理

AFC 系统的网络由三部分组成:中心计算机系统局域网、通信传输网、车站系统局域网。中央计算机局域网通过通信传输网连接到车站局域网,向上连接到 ACC 网络。LCC 与各车站 SC 间共享数据传输通道,接收各车站 SC 的数据。

线路中心的重要地位决定了线路中心必须采用高可靠性的网络结构,所以线路中心网络采用冗余设计,网络设备也基本都采用冗余配置。

工业以太网交换机是线路中央计算机网络系统的核心部分,发挥网络系统的传输控制功能。LCC 设置二层交换机,通过此交换机实现 LCC 与制票中心、清分系统的数据传输及通信;为实现系统的冗余备份,配置两台核心交换机,接入轨道交通的骨干网,从而实现LCC 与各 SC 的数据传输及通信;LCC 配置防火墙,用于实现清分系统和外部各业务公司之间的通信安全。

LCC 系统可对网络进行监控,主要包括对网络设备运行状态及网络数据传输状态,可以监控网络设备的数据传输状态,如数据流量、数据接收及丢失状态等,可以通过网络监控功能对系统网络设备进行故障诊断,可以对系统网络状态及数据传输状态数据进行分析统计,生成系统网络运作报告。

任务 7.3　清分系统设备原理

7.3.1　清分系统服务器原理

ACC 系统配置一台服务器作为时钟服务器从上层通信时钟专业获取时钟源,作为整个 ACC 的参考时钟;配置一台服务器作为备份服务器;配置一台服务器作为网络服务器;配置一台服务器作为 SAM 认证服务器,接受 SLE(比如 BOM 和 TVM 等)所发出的 SAM 认证请求,并实时给出认证结果的反馈;配置一台服务器作为 TAC 认证服务器,对 ACC 收到的交易数据进行实时 TAC 码认证;ACC 系统同时配备磁带库和磁盘阵列,对历史交易数据进行保存。

ACC 清分主要业务由分别工作在 ACC1 和 ACC2 的两台应用服务器上的各自业务进程来完成,当一台服务器故障时,另一台服务器在集群软件的控制下自动接管故障服务器的所有应用及进程。

7.3.2　清分系统数据库原理

ACC 数据库服务器采用双机集群,其服务器磁盘安装操作系统和数据库系统,对来自清分系统应用服务器的请求进行后台的数据存储和提取。两台 ACC 数据库服务器采用双机软件以实现负载均衡。后端磁盘阵列通过光纤连接数据库服务器和清分服务器,为数据库服务器所需要的数据存取提供各自的数据需求信息。

7.3.3　清分系统网络设备原理

清分中心网络结构采用冗余设计,网络设备的关键部件也都采用冗余配置,整个网络采用基于交换方式的网络结构,各线路 AFC 系统通过网络线缆接入 ACC 系统。根据地铁 ACC 系统的网络流量、网络冗余、目前网络状况等信息,AFC 系统的清分中心网络设计采用双核心交换机的双星型拓扑结构。

核心交换机采用技术成熟、结构可靠、运行稳定的企业级核心多层交换机产品,其上配置了冗余电源、冗余的主控板、风扇等关键部件,以尽量提高核心的可靠性;同时两台核心交换机之间互为热备,以保证网络的高可用性。此外,所有服务器、工作站分别连接两台核心交换机,实现了链路冗余,某台核心交换机或某一条链路断开都不会影响服务器的正常通信。

ACC 配置防火墙,用于实现 ACC 非地铁公司的单位之间的通信安全。清分网络和线路中心网络之间是通过通信传输网搭建的共享的以太网链路连接的,两台核心交换机分别连接到传输网上。系统网络接口如图 7-4 所示。

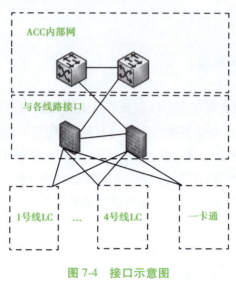

图 7-4　接口示意图

任务 7.4　多元化支付平台关键设备原理

7.4.1　多元化支付平台云服务器原理

多元化支付平台是基于云计算的虚拟化基础架构,具体应用示意图如图 7-5 所示。

云计算平台通过选用高性能服务器,创建支持高可用调度策略的资源池,将物理机逐步集中纳管到资源池中。实现集中化管理,模板式部署,可方便地实现在线迁移与零宕机维护,提高服务器资源利用效率(提高 40%~50%的物理机利用效率)。

传统信息系统平台是以设备为中心,将 IT 技术与业务运行分离看待。各自独立、数量庞杂的系统常常无法及时响应快速发展的业务运行需求。而云计算技术是虚拟化基础设施架构的理念,将整个 IT 体系架构,从底层的基础设施、应用开发和运行的平台,到业务系统软件,甚至业务流程,均作为一种服务,随时随地按需交付。

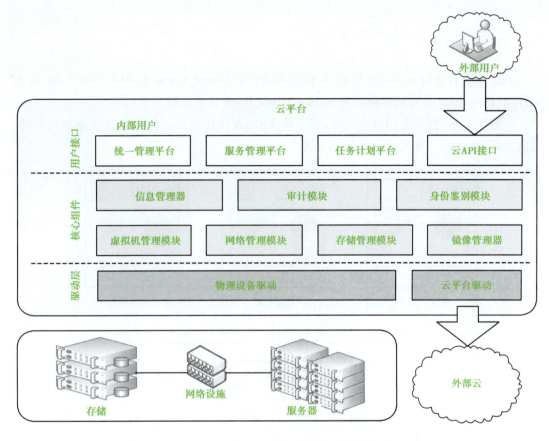

图 7-5　多元化支付云计算平台结构图

　　云计算要求将老式信息系统平台转变为面向服务的架构,将多元化支付平台的一切设备、系统和功能输出视作服务,并构建一种新的体系结构通过中间件来管理这些服务。形成一个资源的逻辑视图,而不用受到地理位置或者底层资源的物理配置的限制。信息系统平台采用云计算虚拟化技术能够将其物理资源集中在一起形成一个共享的虚拟资源池,更加灵活而低成本地充分利用资源。从而简化物理资源的配置和调动过程,提高 IT 资源的利用率,按照逻辑视图而不是物理视图来随需配置、分配、释放资源。

　　基于云计算虚拟化基础架构的信息系统平台是 7×24 h 无人值守,可以进行远程管理。这就涉及整个支付平台的自动化运营,不仅仅包括监测与修复设备的硬件故障,还包括实现从服务器、存储到应用的端到端的系统设施的统一管理。

　　在多元化支付平台的子计算系统中,广泛采用虚拟化技术将物理资源集中在一起形成一个共享虚拟资源池,从而更加灵活和低成本地使用资源。通过中间件软件将服务器运行、存储服务、WEB 服务等进行虚拟化整合,最终秉持软件即服务(SaaS)的云计算理念。这不仅可以降低基础设施服务器的数量,还可以优化资源利用率。

7.4.2　多元化支付平台云存储原理

云计算平台支持众多的存储方案,包括本地存储(Local Storage)、NFS 存储、Ceph 分布式存储、FusionStor 分布式存储以及 Shared Mount Point 多种存储。

一般情况下,推荐采用自主可控、基于社区 Ceph 优化并产品化的企业版分布式存储,以满足高 IO 吞吐业务场景,如图 7-6 所示。

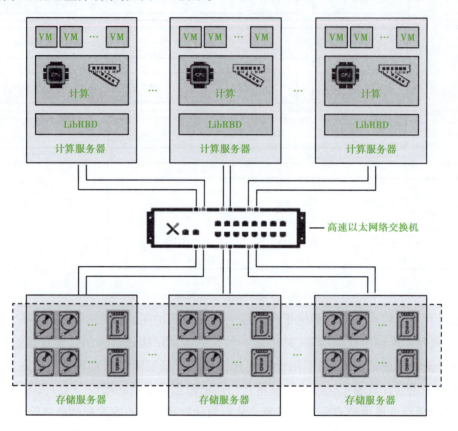

图 7-6　多元化支付存储原理图

Ceph 是开源的分布式存储解决方案,支持对象存储、块存储和文件存储访问类型。它提供一个单一的存储平台,可以处理所有类型的数据存储(包括对象、块和文件)。它的高扩展性可以达到 PB 级,它还拥有高容错性和高一致性数据冗余机制。

使用 Ceph 作为存储方案,其中所有服务器的 SSD 硬盘组建独立的 SSD 存储池 Pool,所有服务器 SAS 硬盘组建为独立的 SAS 存储池 Pool。在该场景下,同一个 Ceph 集群里存在传统机械盘组成的存储池,以及 SSD 组成的快速存储池,可把对读写性能要求高的数据存放在 SSD 池,而把其他备份数据等一些要求低的数据存放在普通存储池,提升读写效率,如图 7-7 所示。

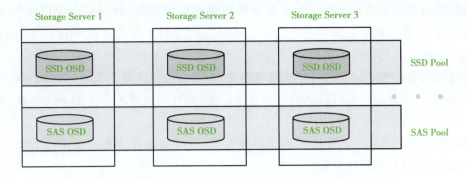

图 7-7　多元化支付平台存储池示意图

云计算平台支持多存储池特性,可定制构建高性能存储池(SSD)和大容量存储池(HDD),各存储池的 IO 访问隔离,并独自扩容伸缩。不同速度的存储池,满足不同业务系统对存储访问的性能与容量要求。

7.4.3　多元化支付平台网络设备原理

鉴于多元化支付平台的高可用要求,一般情况下需采用全双路+多冗余的网络架构设计理念进行设计,在多元化支付平台运行时,保证同时具有一套或多套软件+硬件备份机制提供可靠的运行保障,如图 7-8 所示。

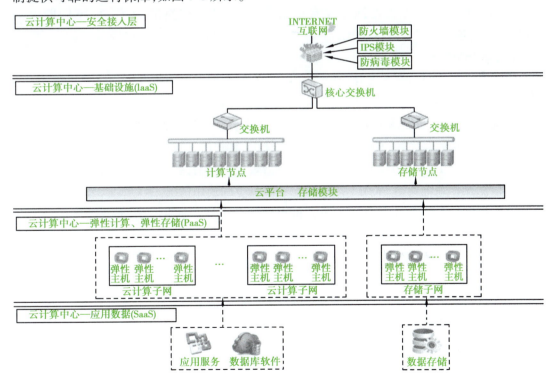

图 7-8　多元化支付网络结构图

网络架构以万兆接入交换机为汇聚交换机进行中心搭建,两台核心交换机以 VRRP 技术互为备份,保证核心交换机不会因单点故障问题导致多元化支付平台业务核心数据交换业务中断。

通过防火墙将核心交换机与外部网络隔离,核心交换机区域内为可信区域,防火墙配置安全策略,仅向部分内网可信地址开放业务权限,如只向运维区开放 22 和 80、443 端口,只向 ACC 开放信息数据采集端口。

核心数据库与两台核心交换机建立直连关系,确保数据库业务通道中的数据可以被最快速度、最短路径传输到对端。

磁盘阵列分别与 SAN 交换机 HBA 口直连,同时连接核心数据库 HBA 口,在保证交换速度的同时,还能增强存储数据交换的扩展性和冗余性。

任务 7.5   车站计算机系统深度维护保养

7.5.1   车站计算机系统年度保养范围

车站计算机系统保养范围主要有车站服务器、核心交换机、工作站、不间断电源(UPS)等,其各自的保养内容如下。

(1)车站服务器
①检查服务器指示灯状态是否处于正常状态,异常时及时上报并进行故障处理。
②重启服务器,进入阵列卡配置界面,查看当前磁盘 Raid 信息。
③登录服务器,查看服务器程序运行状态,是否存在假死或进程运行异常。
④通过登录数据库客户端,检查数据入库情况、客户端连接情况。
⑤穿戴绝缘手套,使用无纺布对车站服务器表面进行清洁。
⑥根据操作系统类型,采用不同方式检查磁盘空间使用情况。
⑦根据操作系统类型,采用不同方式检查磁盘空间节点使用情况,部分操作系统不存在该概念。
⑧通过检查服务器时钟对时日志查看服务器时钟功能是否正常。

(2)交换机
①穿戴防静电手环,使用无纺布对交换机表面进行清洁。
②查看交换机指示灯状态是否正常。
③登录交换机,查看交换机 CPU 使用情况。
④登录交换机,查看交换机内存使用情况。
⑤通过 ping 命令检查交换机连接设备网络连通性,保证设备通信正常。

(3)工作站

①穿戴防静电手环,使用无纺布对工作站进行清洁。

②使用无纺布清洁工作站主机、显示器、键盘、鼠标,检查设备灵活状态,对不满足要求的部件进行更换。

③工作站应用程序可正常登录,程序各功能正常。

④与服务器时钟进行对比,确保时间一致。

⑤检查病毒库版本更新时间(每月升级 1 次)。

⑥登录工作站,查看磁盘空间使用情况。

⑦登录工作站,在任务管理器中查看 CPU 和内存使用情况。

(4)不间断电源(UPS)

①查看 UPS 指示灯状态及外观状态。

②查看 UPS 电池柜外观。

③通过 UPS 面板查看市电输入及 UPS 供电方式是否正常。

④通过观察检查电池是否有凸起、漏液等情况。

⑤采用专业工具检查 UPS 电池电压。

⑥断开市电,检查 UPS 供电方式是否切换为电池供电;当市电恢复时,供电方式是否回切。

7.5.2　车站计算机系统年度保养方法

①清洁服务器内部,服务器内部无杂物、无积灰,硬盘、内存、主板接触良好,内部连线无松动。

②检查硬盘处理性能,对硬盘读写速度进行测试,对于无法满足需求的进行更换。

③检查 CPU 处理性能,对于无法满足需求、部分内核损坏的 CPU 进行更换。

④检查内存处理性能,对于无法满足需求的进行更换。

⑤整理服务器磁盘空间,对服务器各目录无效文件进行清理,并且清理过期碎片文件。

⑥检查服务器空间节点,对服务器各无效节点进行清理,并且清理过期节点。

⑦检查服务器系统整体运行,用程序对服务器系统进行检测。

任务 7.6　线路中央计算机系统服务器深度维护保养

7.6.1　线路中央计算机系统年度保养范围

①数据库服务器。

②其他各类服务器(数据交换服务器、报表服务器、通信服务器、测试服务器、运维服

务器、BUFFER 服务器、HMC 控制服务器)。

③磁盘阵列。

④磁带机。

⑤磁带库。

⑥网络设备(核心交换机、光纤交换机、防火墙)。

⑦工作站。

⑧不间断电源(UPS)。

7.6.2　线路中央计算机系统年度保养方法

(1)数据库服务器

①检查设备标签,对设备破损、脱落标签进行更换,确保设备标识清晰、牢固。

②对小型机应用程序和数据库功能进行切换测试,切换后设备可正常工作。

③对服务器各目录无效文件进行清理,并且清理过期文件碎片。

④检查 HACMP 资源分配,并重新优化。

(2)其他各类服务器

①打开服务器外盖,清洁设备内积灰、杂物。

②检查服务器线标,主要是网线线标。

③对服务器各目录无效文件进行清理,并且清理过期文件碎片。

④对服务器各目录无效空间节点进行清理。

⑤检查 CPU 处理能力,对于无法满足需求、部分内核损坏的 CPU 进行更换。

⑥检查设备连接线缆,对松动线缆进行紧固,对存在问题或破损的线缆进行更换。

⑦对服务器硬盘读写速度进行检测,对于无法满足硬盘标称读写速率的硬盘进行更换。

⑧检查内存处理速度,对于无法满足读写速率需求的内存进行更换。

⑨用服务器厂家提供的应用程序对服务器系统进行整体检查,检测的报告中无异常数据。

(3)磁盘阵列

①检测各硬盘读写速度,对于磁盘读写速率无法满足标称值的磁盘进行更换。

②对设备破损标签进行更换。

③检查设备连接线缆,对存在问题的线缆进行更换。

(4)磁带机

①检测各硬盘读写速度,对于磁盘读写速率无法满足标称值的磁盘进行更换。

②对设备破损标签进行更换。

③检查设备连接线缆,对存在问题的线缆进行更换。

④查看指示灯工作状态。

(5)磁带库

①清洁指示灯亮时表示正在进行清洁,清洁后磁带库清洁指示灯恢复正常。

②对设备破损标签进行更换。

③检查设备连接线缆,对存在问题的线缆进行更换。

④检查数据库性能,对数据库的数据存取速率进行检查,若数据库存取速率低于标称值则进行数据库的优化。

(6)网络设备(核心交换机、光纤交换机、防火墙)

①对设备破损标签进行更换。

②通过 WEB 登录设备,查看资源使用和占用率。

③各交换机的接口均可正常使用,各端口内无杂物遮挡。

(7)工作站

①打开主机盖,使用吹风机清洁。

②打开主机盖,检查各部件连接线缆。

③打开主机盖,查看硬盘、内存、主板。

④查看线缆标签,标签字迹清晰、无脱落现象。

(8)不间断电源(UPS)

①电压测试,使用专用工具测试各电池电压、电池组电压是否正常。

②切断市电输入,由电池供电,放电量超过 70%,设备正常工作。

③查看电池连线有无破损情况,应保证各电池连接线缆无破损和松脱现象。

任务 7.7　清分系统服务器深度维护保养

7.7.1　清分系统年度保养范围

①对应用服务器的使用资源和任务进行切换。

②对数据库 RAC 功能进行切换验证。

③进行 UPS 电池充放电及电压测试。

④检查 UPS 主机状态显示。

⑤UPS 电池放电。

⑥空开切换测试。

7.7.2　清分系统年度保养方法

(1)应用服务器双机切换功能是否正常

下面以 Linux 操作系统为例进行阐述。

以 root 用户登录 ACC 应用服务器 1,使用命令 scstat-g 查案资源和任务运行情况;执行 scswitch-z-g acc-rg1-h qfapp02 命令手动将应用服务器 1 上对应的资源和任务切换到应用服务器 2 上;登录 ACC 应用服务器 1,使用命令 scstat-g 查案资源和任务运行情况;使用 root 用户执行 scswitch-z-g acc-rg1-h qfapp02,将应用服务器 2 上对应的资源和任务手动切换到应用服务器 1 上;检查 ACC 工作站应用程序可正常登录。

(2)数据库 RAC 功能进行切换验证

下面以 Linux 操作系统为例进行阐述。

在数据库服务器上使用 grid 用户执行 crsctl status res-t 和 crsctl check cluster-all 检查数据库服务器功能是否正常;检查 ACC 工作站应用程序可正常登录。

(3)进行 UPS 电池充放电及电压测试

充放电进行时,指示灯显示正确;充放电结束后,电压、电流、电池信息正确,无异常信息。

(4)检查 UPS 主机状态

电压、容量、频率显示正常。

(5)UPS 电池放电

正常放电电量达 20%以上。

(6)空开切换测试

切断市电输入空开,UPS 可通过电池直接给设备供电,无供电失败设备,UPS 显示电池供电;合上市电空开,查看设备运行状态,UPS 处于充电状态,电池充满后由市电直接给设备供电。

7.7.3 典型故障维修

(1)ACC 数据无法上传到外部其他公司业务服务器

1)故障描述

巡检时发现 ACC 数据无法上传到外部其他公司业务服务器,出现数据堵塞。

2)故障排除

下面以 Linux 操作系统为例进行阐述。

运行 Xshell 软件,输入 IP 地址,登录 ACC 服务器。

执行命令 cd /AFC/bin。

执行命令 afc_stop,停止数据上传相关服务。

执行命令 afc_start,重新开启数据上传服务。

执行命令 afc_ps,可查看开启的数据上传服务进程信息。

执行命令 cd /AFC/Data/Transaction/Wait/,再执行命令 ls | wc-l,查看堵塞数据是否减少,并逐渐减少至 0,即恢复正常。

(2)ACC 无法收到 LCC 上传数据

1)故障描述

在巡检时发现 LCC 数据无法上传到 ACC 服务器。

2)故障排除

下面以 Linux 操作系统为例进行阐述。

检查 ACC 与 LCC 网络连线是否正常,交换机配置是否正常。

检查设备 ACC 数据库设备构成表中 ACC 与 LCC 的 IP 设置是否正确。

检查是否是 LCC 服务器发生数据堵塞。登录 ACC 服务器(IP),执行命令 cd /AFC/Data/Transaction/Wait/,再执行命令 ls | wc-l,查看数据堵塞数量,如果数据堵塞,重启 afc进程即可。

(3)数据库表空间使用率过高

1)故障描述

在巡检时发现数据无法入库。

2)故障排除

下面以 Linux 操作系统为例进行阐述。

查看数据库服务器表空间使用情况,命令为%free,表示剩余表空间的百分比;当表空间剩余使用率少于 5%时,有可能对业务造成影响,需要对表空间进行扩展。

将需要扩展的表空间设置为自动扩展。

查看需要设置的表空间自增长是否设置成功。

(4)交换机报警

1)故障描述

在巡检时发现交换机指示灯报警。

2)故障排除

检查交换机网络连接,网络线缆是否松动,松动需要重新连接网络线缆。

使用 ping 命令检测交换机与 AFC 网络通信是否正常,如果通信失败,检查交换机配置是否正确。

重新启动交换机,可以通过软件方式重启或重新插拔交换机电源方式重启。

如果网络正常,仍显示报警,则登录交换机 web 管理界面,通过查看日志文件中错误码,对症排除故障源。

复习思考题

1.思考,同条件下在 ACC 数据库和 LCC 数据库中查询交易记录,交易数据不同的原因及解决方法。

2.思考 ACC 与 LCC 时钟不同步的原因及排查方法和解决方法。

项目八　高级工〔中央〕理论知识及实操技能

任务 8.1　车站计算机系统业务进程与数据机制

车站计算机系统业务进程主要包括 SLE 数据收集业务进程、AFC 日志记录业务进程、AFC 报表生成结算业务进程、AFC 系统消息平台进程监控后台服务进程、参数收取和下发服务进程、外专业通信业务进程、时钟管理服务进程、紧急进程管理服务进程等。图 8-1 为某地铁 Windows 操作系统下的车站计算机系统业务进程。

AFC Mom Service		正在运行
AfcBatchService	晚间结算批处理服务	正在运行
AfcCleanService	日志清理服务	正在运行
AfcFileService		正在运行
AfcIscsService		正在运行
AfcMinService	后台分钟客流汇总服务	正在运行
AfcMonitorService	AFC系统消息平台进程监控后台服务。	正在运行
AfcMsgService	消息处理服务。	正在运行
AfcParaService	AFC后台参数服务	正在运行

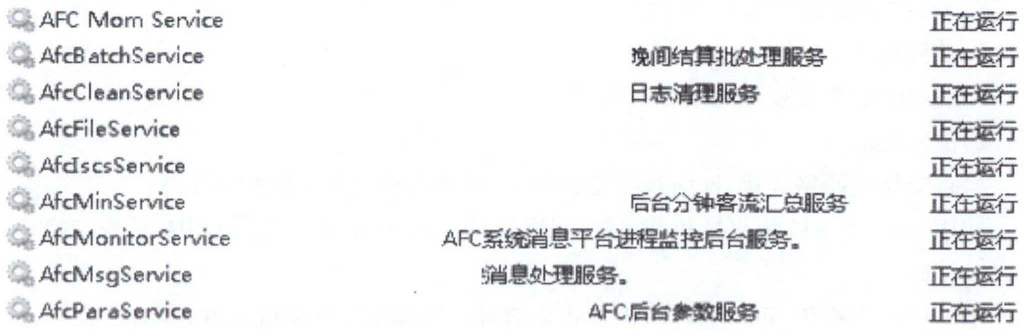

图 8-1　某地铁车站计算机系统业务进程示意图

AfcIscsService 进程用于与综合监控专业的通信。

AfcBatchService 与 AfcFileService 进程用于接收、处理下层车站的数据包。

其余进程都有注释,不再一一介绍。

车站计算机系统数据处理机制主要包括以下 7 个环节。

1)接收交易和业务数据

SLE 按参数定义时间间隔定期生成若干交易和业务数据包,并在与 SC SVR 通信正常时按组包顺序向 SC SVR 上传交易和业务数据包。

SC SVR 收到 SLE 上传的交易和业务数据包后首先根据数据包包编号进行包剔重处理,丢弃重复上传的数据包。

SC SVR 对合法数据包进行解析并保存数据库。在保存过程中 SC SVR 对每条数据进行记录剔重审查处理,正确数据将保存于正常数据表中,重复数据或异常数据将保存于异常数据表中,如图 8-2 所示。

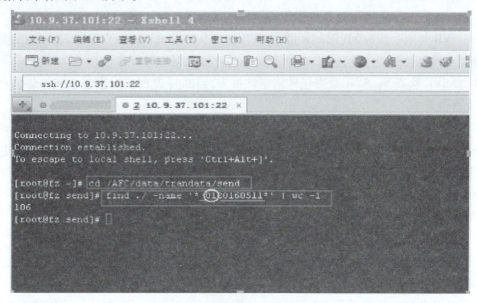

图 8-2　异常数据表示意图

2)上传交易数据

SC SVR 按参数定义时间间隔定期将需要上传 CC 的交易数据按交易类别组成若干交易数据包。在 SC SVR 与 CC SVR 通信正常连接情况下 SC SVR 按组包顺序向 CC SVR 上传交易和业务数据包,如图 8-3 所示。

图 8-3　上传业务数据包示意图

3)交易/业务数据传输审计与重传

SC SVR 在业务结束后,将交易数据按设备统计,并与设备的累计数据进行核减,如果数据相符,则设备内的数据已全部上传;如果不符,说明设备数据上传不完整,系统可以要求设备重传未上传的数据,保证数据完整上传,如果仍未上传,可由维修人员对设备进行检查,将未上传数据采集出来重新上传给车站计算机,并生成相关报告。

4)与 LCC 进行交易和业务数据传输审计

SC SVR 每隔一段时间(时间间隔由 SVR 配置文件定义)向 LCC SVR 发送数据包传输审计报告,对此段时间内上传 CC 的所有交易和业务数据包进行审计。

LCC SVR 检查 SC SVR 数据包传输审计报告,判断是否存在数据包丢失错误,并生成丢失数据包清单。

5)对 SLE 进行交易和业务数据传输审计

SLE 每隔一段时间(时间间隔由 SLE 设备专用参数定义)向 SC SVR 发送数据包传输审计报告,对此段时间内上传 SC 的所有交易和业务数据包进行审计。

SC SVR 检查 SLE 数据包传输审计报告,判断是否存在数据包丢失,并生成丢失数据包清单。

6)命令 SLE 重传交易和业务数据包

完成数据传输审计后,SC SVR 按照生成的丢失数据包清单逐一要求 SLE 重新上传丢失的数据包。

SC SVR 收到重传的数据包后删除该数据包的丢包记录。否则,SC SVR 将于次日再次向 SLE 发送数据包重传请求。

若向 SLE 发送 3 次数据包重传请求后仍未收到丢失数据包,则 SC SVR 设置数据包丢失报警标志。车站工作人员可以通过报表及时了解数据包丢失情况并人工分析解决问题。

7)交易数据打包流程及存储

SLE 设备按照规定的时间间隔将设备产生的交易数据上传至 SC,SLE 产生的交易数据在本地按照设计规定打包保存一定的周期,如图 8-4 所示。

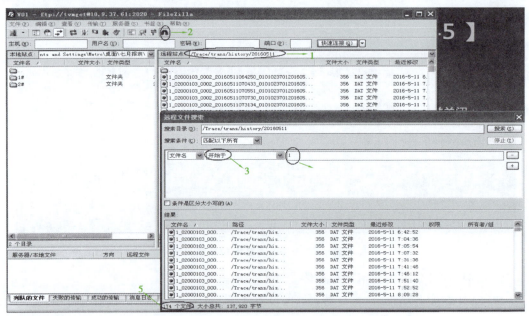

图 8-4 交易数据打包流程图

SC 将收到的交易数据入库,之后以 15 min 为时间间隔,对不同卡商票卡的各种交易类型数据分别进行打包并上传至 LCC,如图 8-5 所示。

图 8-5　交易数据文件包示意图

SC 将收到的交易数据按照不同卡商票卡的各种交易类型数据分别进行入库处理且生成各类报表数据,数据及各类打包数据将在本地按照设计规定保存一定的周期,如图 8-6 所示。

名称	大小	类型	修改时间	属性	所有者
300FFFF_04_010223...	136 Bytes	BAK 文件	2018/5/29, 2:09	-rw-r--r--	afc
300FFFF_04_010223...	136 Bytes	BAK 文件	2018/5/29, 2:08	-rw-r--r--	afc
300FFFF_04_010223...	136 Bytes	BAK 文件	2018/5/29, 0:59	-rw-r--r--	afc
300FFFF_04_010223...	136 Bytes	BAK 文件	2018/5/29, 0:59	-rw-r--r--	afc
300FFFF_04_010223...	136 Bytes	BAK 文件	2018/5/29, 2:08	-rw-r--r--	afc
..					
300520B_05_02022...	508 Bytes	BAK 文件	2018/5/29, 2:00	-rw-r--r--	afc
300520B_05_02022...	171 Bytes	BAK 文件	2018/5/29, 5:50	-rw-r--r--	afc
300520B_05_02022...	171 Bytes	BAK 文件	2018/5/29, 5:51	-rw-r--r--	afc
300520B_05_02022...	171 Bytes	BAK 文件	2018/5/29, 6:07	-rw-r--r--	afc
300520B_05_02022...	171 Bytes	BAK 文件	2018/5/29, 6:18	-rw-r--r--	afc
300520B_05_02022...	233 Bytes	BAK 文件	2018/5/29, 6:40	-rw-r--r--	afc
300520B_05_02022...	202 Bytes	BAK 文件	2018/5/29, 6:57	-rw-r--r--	afc
300520B_05_02022...	233 Bytes	BAK 文件	2018/5/29, 7:16	-rw-r--r--	afc
300520B_05_02022...	202 Bytes	BAK 文件	2018/5/29, 7:33	-rw-r--r--	afc
300520B_05_02022...	233 Bytes	BAK 文件	2018/5/29, 7:47	-rw-r--r--	afc
300520B_05_02022...	288 Bytes	BAK 文件	2018/5/29, 8:06	-rw-r--r--	afc
300520B_05_02022...	264 Bytes	BAK 文件	2018/5/29, 8:35	-rw-r--r--	afc
300520B_05_02022...	202 Bytes	BAK 文件	2018/5/29, 8:55	-rw-r--r--	afc
300520B_05_02022...	202 Bytes	BAK 文件	2018/5/29, 9:14	-rw-r--r--	afc
300520B_05_02022...	288 Bytes	BAK 文件	2018/5/29, 10:18	-rw-r--r--	afc
300520B_05_02022...	226 Bytes	BAK 文件	2018/5/29, 11:10	-rw-r--r--	afc
300520B_05_02022...	233 Bytes	BAK 文件	2018/5/29, 11:48	-rw-r--r--	afc
300520B_05_02022...	257 Bytes	BAK 文件	2018/5/29, 12:26	-rw-r--r--	afc
300520B_05_02022...	264 Bytes	BAK 文件	2018/5/29, 12:59	-rw-r--r--	afc

图 8-6　交易数据报表数据生成示意图

SC 及 SLE 为提高系统查询的速度,在满足前期设计标书要求前提下,将在线保存尽量少和有效的数据。定期将过时的、需要归档的数据进行归档,将其从数据库和文件系统中删除,如图 8-7 所示。

..				
Ag	文件夹	2018/5/29, 17:56	drwxr-xr-x	afc
Bom	文件夹	2018/5/29, 17:55	drwxr-xr-x	afc
Eqm	文件夹	2018/5/29, 5:49	drwxr-xr-x	afc
Lc	文件夹	2018/5/29, 17:56	drwxr-xr-x	afc
Tvm	文件夹	2018/5/29, 17:55	drwxr-xr-x	afc
Ws	文件夹	2018/5/29, 17:56	drwxr-xr-x	afc

图 8-7　归档数据示意图

SC 及 SLE 每日运营结束后,系统自动执行系统数据和系统生成文件的内务处理,按照系统设定的数据归档规则,删除不必要的记录及无效的文件,尽量减少磁盘空间的碎片,达到最佳的可用性。

任务 8.2　线路中央计算机系统业务进程与数据机制

8.2.1　线路中央计算机系统业务进程

进程是应用程序的运行实例,是应用程序的一次动态执行。线路中央计算机系统(LCC)业务进程主要实现以下几个功能。

(1)时钟同步

AFC 系统以线路中央计算机系统作为时钟源,向所管理的终端和所辖线路的车站计算机系统提供标准时钟。时钟信息定时地从线路中央计算机系统下传到各车站计算机系统和各 AFC 终端设备。当车站计算机系统、AFC 终端设备时钟与中央计算机系统下传的时钟不同时,将自动更正为下传的时钟,并将该信息上传到中央计算机系统。在车站计算机系统、各操作终端以及各终端设备重新开启或在运营开始和结束时,均进行自动时钟同步。时钟同步的间隔时间,作为一项参数,由中央计算机系统设定,当时钟出现差异时,将在 1 s 内得到修正。时钟偏差大于 2 min 的时间错误将记录在案,并上传中央计算机系统由人工确认再处理。在车站计算机系统与 AFC 终端设备孤岛运行时,可人工修改系统时钟。

(2)运营管理

开始营业时,LC SVR 在中央计算机系统业务进程的管理下,按运行时间表参数指定的时刻自动运行开始营业流程。LC SVR 在开始营业流程中完成以下工作:

①LC SVR 与 ACC 完成时钟同步。

②LC SVR 检查运营日日期是否正确。不正确则自动执行运营日切换流程。

③LC SVR 记录开始营业流程处理日志。

结束营业时,LC SVR 在运行时间表参数指定的时刻自动启动结束营业流程,完成以下工作:

①LC SVR 与 ACC 完成时钟同步。

②LC SVR 记录全线各车站当前营业状态。

③LC SVR 执行营业数据统计,LC WS 生成并打印预约统计报表。

④归档服务器每日定时将 LC 数据库中新增的营业数据和统计结果数据复制到归档数据库中。

⑤按照备份计划执行 LC 系统数据备份处理。

⑥LC SVR 清理数据库过期数据。

⑦LC SVR 清理磁盘过期数据文件和过期日志文件。

⑧LC SVR 记录结束营业流程处理日志。

运营日切换时,LC SVR 在中央计算机系统业务进程的管理下,按表参数指定的时刻自动启动运营日切换流程,完成以下工作:

①LC SVR 更新运营日日期。

②LC SVR 自动发布新版模式历史参数和操作员登录密码参数。

③LC SVR 执行参数版本切换处理。

④LC SVR 生成供 TC SVR、MC SVR、SC SVR 下载的参数数据文件。

⑤LC SVR 记录运营日切换流程处理日志。

清算日切换时,LC SVR 向 ACC 上传交易数据包后将该数据包的清算日期设置为当前清算日。每个清算日结束后,LC SVR 与 ACC 对该清算日交易数据进行清算对账处理。

LC SVR 在表参数指定的时刻自动启动清算日切换流程,完成以下工作:

①LC SVR 更新清算日日期。

②LC SVR 对属于前一清算日的交易数据执行清算对账统计。

③LC SVR 向 ACC 发送清算对账统计结果报告。

④LC SVR 记录清算日切换流程处理日志。

8.2.2　线路中央计算机系统数据机制

(1)数据采集与传输

LC 可以采集 SC 设备生成的各种数据。正常情况下,车站计算机系统和车站 AFC 设备(包括自动售票机、票房售票机、自动检票机、自动验票机等)的数据通过通信传输网上传到 LC。便携式验票机的交易数据是通过专用接口传输到 SC,再经 SC 转发到 LC。

在 SC 发生故障但通信线路正常的情况下,LC 可以通过车站网络直接采集车站 AFC 设备内的各种数据。

在通信网络发生故障时,可以将车站 AFC 设备和 SC 的数据文件存储到移动存储介质

（如移动硬盘、U 盘等）中，通过 LC 工作站将数据导入中央计算机系统。同样，LC 也可以通过工作站将需要下发的数据文件存储到移动存储介质中，再将移动存储介质中的文件复制到车站计算机或车站 AFC 设备中。

在通信网络正常的情况下，LC 可以将需要下发的数据通过通信网络下发到车站计算机并转发到车站的 AFC 设备。下发时可以选择目的地址，下发给车站 AFC 设备的数据将通过车站计算机转发。

车站计算机系统与中央计算机系统的通信方式使用 TCP/IP Socket 报文传输机制完成。

中央计算机系统具有在线恢复功能，在检测到车站计算机发送的报文非法或不完整时可以要求发送该报文的设备重新发送同一报文，以防止由于网络故障造成的报文丢失或错误。重试次数由系统参数设定。

LC SVR 按参数定义时间间隔定期将需要上传 ACC 的交易数据按交易类别组成若干交易数据包。当数据包发往 ACC 后，LC SVR 根据 ACC 返回的数据包接收反馈 NTID 时间戳信息，在数据库中设置数据包清算日期，以便能够与 ACC 进行清算对账处理。

（2）数据处理

中央计算机系统对所有接收到的数据报文进行及时处理，为了提高中央计算机系统的资源高可利用性，将按照数据的分类将报文处理分布到中央计算机系统的多个节点中。

基本的分类如下：

状态数据，由于状态数据具有较高的实时性要求，地铁工作人员需实时监控自动售检票系统状态，因此各线路 LC 服务器接收到状态数据报文后，直接处理入库。

交易数据与寄存器数据，传输到中央主机，由中央主机应用程序对报文进行处理。如果需要与清分系统进行数据交互，中央主机应用软件按照统一的接口组织报文上传。

参数数据，对于线路中央的参数数据，由参数管理软件统一进行管理与维护，并组织数据的下发；对于清分系统下发的参数报文，由 LC 服务器收入库后，根据管理规则，选择及时下发，或者由线路中央人工确认后，从参数管理平台上下发。

LC 对数据进行校验，但不对原始数据进行任何修改或删除。根据不同的校验结果，分为正常、无效及异常数据分类处理，以便于系统的维护及数据分析，并按需上传至清分系统。

交易数据校验，LC 将对交易数据的合法性进行检查，检查的内容至少包括：交易类型是否有定义、发生交易的设备是否合法、交易时间检查、交易金额检查、连续性检查、重复性检查、车票合法性检查、操作员合法性检查（仅对票房售票机交易）等。对通过合法性检查的交易数据，中央计算机将其存入数据库中的正常交易表中，未通过合法性检查的交易将存入可疑交易表中，并记录日志。

设备状态数据校验，LC 对收到的设备状态数据进行合法性检查，检查的内容主要包括设备是否合法、时间检查、重复性检查、设备时间代码检查等。对通过合法性检查的设备状态数据，中央计算机系统更新设备的当前状态，如果设备状态发生变化，则将信息插入设备状态数据明细表中，同时更新统计表。

(3) 数据存储

为提高系统查询的速度，LC 系统将在线保存尽量少和有效的数据。定期将过时的、需要归档的数据进行归档，将其从数据库中和文件系统中删除。

当每日运营结束后，LC 系统把当日运营的数据和文件进行归档，存储在在线交易数据库中。为提高查询的速度，在线交易数据库最多保存 3 个月的各种数据和文件。当归档数据和文件超过保存期时，LC 系统将过时的归档数据或文件从系统中卸出并转存到磁带库上。为安全起见，系统管理员可以将归档数据定期备份，转存 2 份或 2 份以上，保存在不同的地方。当数据或文件卸出并保存到磁带库后，LC 系统将把已转存的数据或文件从在线交易数据库中删除。

当用户要查询已卸出的归档数据和文件时，系统管理员或授权操作员可以把转存在磁带中的归档数据和文件装入中央计算机的临时查询数据库中，在查询终端上进行查询，当查询工作结束后，可以选择删除或保留临时查询数据库的内容。

当每日运行结束后，LC 系统自动执行系统数据和系统生成的文件的内务处理，按照系统设定的数据归档规则，删除不必要的记录及无效的文件，尽量减少磁盘空间的碎片，达到最佳的可用性。

在数据库存储中对数据记录设置了唯一性索引，用以排除重复数据记录。另外，系统支持对数据的通信校验功能，防止通信过程中出现异常错误对数据的完整性造成影响，并可对关键数据进行加密，用以保证数据的安全传输。

任务 8.3　清分系统业务进程及数据处理机制

8.3.1　清分系统核心服务器业务进程

通常情况下，清分系统服务器分为两种，即核心服务器和辅助服务器。核心服务器用于承担清分系统的核心业务功能，如数据处理、清分清算等；辅助服务器用于承担其他辅助业务功能，如网管、备份、密钥认证和病毒库管理等。

清分系统核心服务器业务进程主要包括如下几个：

(1) 采集数据

数据采集业务进程(Receive Transaction Package)运行在清分系统核心服务器上，主要负责接收保存下位系统(各线路中央计算机系统)产生的交易数据。这些交易数据主要是由各线路中央计算机系统通过网络上传，或者由本地工作站导入。交易数据一般包括一票通交易数据和一卡通交易数据。

流程图如图 8-8 所示。

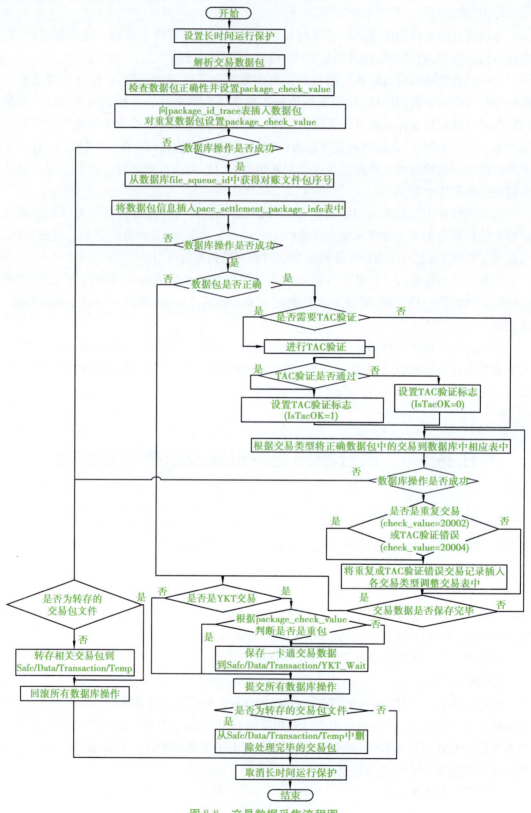

图 8-8　交易数据采集流程图

（2）交易检查

在交易检查模块业务进程初始化过程中完成以下处理：创建日志文件、读模块配置文件、建立数据库长连接、设置下一次交易检查时刻，如图8-9所示。定时具体流程启动后，主要完成以下操作：

①调用数据库交易检查存储过程进行交易检查。

②设置下一次执行交易检查的时刻。

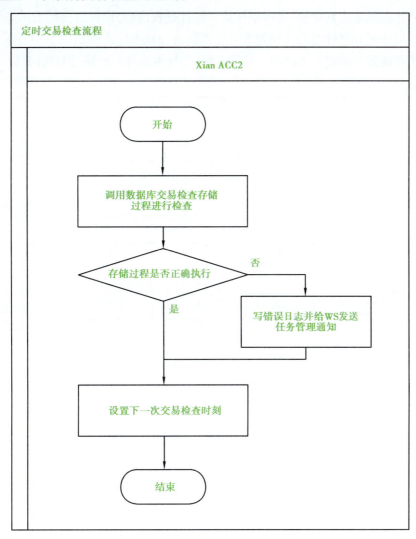

图 8-9　定时交易检查流程

（3）交易审核/清分/统计流程

如图8-10所示。查询清分状态标志，根据清分状态执行审核/清分/统计操作：

①清分状态标志为0，表示清分过程开始，查询检查操作是否完成。如果完成，设置清分状态标志为1，设置下一次查询清分状态标志时刻。

②清分状态标志为1，表示检查完成，执行审核操作。操作成功完成后，设置清分状态标志为2，设置下一次查询清分状态标志时刻。

③清分状态标志为2,表示审核完成,执行清分操作。操作成功完成后,设置清分状态标志为3,设置下一次查询清分状态标志时刻。

④清分状态标志为3,表示清分完成,执行统计操作。操作成功完成后,设置清分状态标志为4,更新最后一次完成统计日期,设置下一次查询清分状态标志时刻。

⑤清分状态标志为4,表示统计完成,待对账模块生成各线路对账文件,当日审核清分统计完成。设置下一次查询清分状态标志时刻。

⑥清分状态标志为其他值,表示审核清分统计过程出错,设置清分状态标志为0,重新开始当日的审核清分统计过程。设置下一次查询清分状态标志时刻。

下一次查询清分状态标志时刻=当前时刻+交易审核/清分/统计时间间隔。

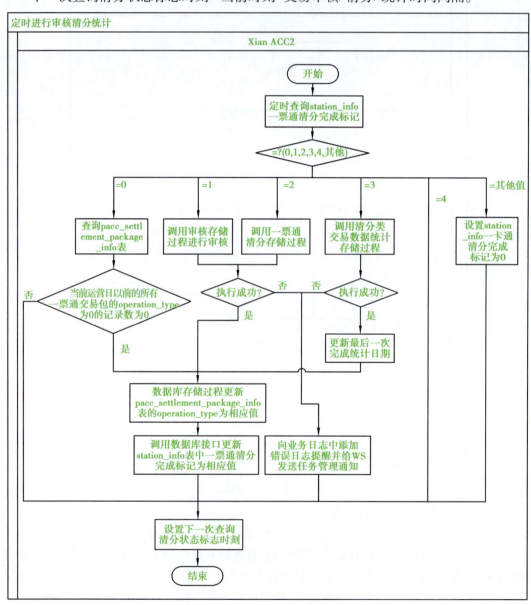

图8-10　交易审核/清分/统计流程图

8.3.2 数据处理机制

(1)数据类型

清分系统所涉及的自动售检票系统数据类型有交易数据、运行模式数据、收益管理数据、部分设备参数数据和设备运行模式指令等。这些数据的具体定义见表8-1。

表 8-1　清分系统数据类型表

交易数据	储值票发售、轨道交通专用票发售、出闸、进闸、更新、储值票充值、挂失、即时退票、罚款、替换、非即时退票申请、非即时退款、黑名单交易、优惠生成/使用
状态数据	清分系统数据处理机制
收益管理数据	设备班次审核、钱箱及票箱审核、收益核算以及收益平衡及收益统计
设备参数	设备运作参数、系统运作模式参数、黑名单、收益参数、车票属性参数
设备运营模式指令	设备控制命令

其中设备的交易数据、状态数据和设备收益管理数据由设备产生并上传到上层系统。而设备参数、设备运营模式指令则由上层系统生成和下载。

(2)数据流及其传输

轨道交通自动售检票系统中的数据流主要包括:

1)从线路中央系统上传到清分系统

在自动售检票设备上发生的各类交易数据(售票和消费数据,也包括充值交易数据)、寄存器数据、设备运营模式数据等。

2)从清分系统下发给线路中央系统

各线路非换乘和换乘清分的票务消费汇总数据、售票、补票与充值的票务收入数据,以实施上下对账之用。黑名单信息和运营模式指令信息等。

3)从清分系统上传到非地铁第三方公司的其他业务清算系统

所有非地铁第三方公司的其他业务在轨道交通路网内发生的交易(售票与充值、消费交易)数据。

4)从非地铁第三方公司清算系统反馈到清分系统

所有轨道交通范围内发生的非地铁第三方公司业务消费结算数据、充值售卡结算数据,以实施清算系统与清分系统间的票务对账。另外还有非地铁第三方公司的黑名单信息。

数据流如图8-11所示,说明见表8-2。

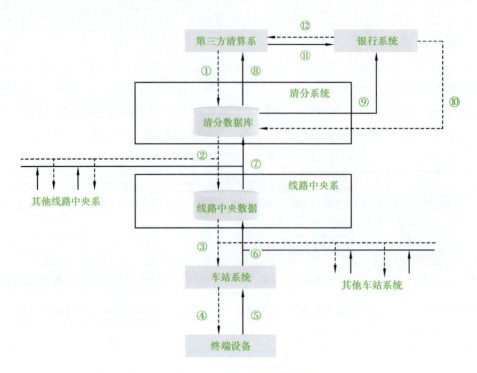

图 8-11　清分系统数据流图

表 8-2　自动售检票系统中的数据流说明表

标号	方　向	接口数据
①	非地铁第三方公司清算系统→轨道交通清分系统	非地铁第三方公司清算数据、非地铁第三方公司黑名单等
②	轨道交通清分系统→线路中央计算机系统	车站线路信息、费率表、票种等运行参数、换乘清分数据、非地铁第三方公司清算数据、非地铁第三方公司宕账数据、非地铁第三方公司黑名单、地铁黑名单、路网协同运营模式指令等
③	线路中央计算机系统→车站计算机系统	黑名单、费率表、操作权限、票种等运行参数、应用软件、设备控制指令、车站运营模式控制指令等
④	车站计算机系统→终端设备	黑名单、费率表、操作权限、票种等运行参数、应用软件、设备控制指令等
⑤	终端设备→车站计算机系统	参数版本、软件版本、设备运行状态、交易数据、寄存器数据、操作日志等
⑥	车站计算机系统→线路中央计算机系统	参数版本、软件版本、设备运行状态、运营模式、交易数据、寄存器数据、操作日志等
⑦	线路中央计算机系统→轨道交通清分系统	交易数据、客流寄存器数据、运营模式等

标号	方　　向	接口数据
⑧	轨道交通清分系统→公共交通卡清算系统	非地铁第三方公司交易数据、轨道交通费率数据
⑨	轨道交通清分系统→银行系统	账务结算数据资料
⑩	银行系统→轨道交通清分系统	账务结算数据
⑪	非地铁第三方公司清算系统→银行系统	账务结算数据资料
⑫	银行系统→非地铁第三方公司清算系统	账务结算数据

交易数据均发生在自动售检票设备中,数据采集系统通过车站和线路中央计算机系统上传至清分中心计算机系统,在数据传输过程中原始交易包文不进行任何形式的加工,并要求在所经过的计算机系统中保存其交易包文,以便于日后审计和数据包重发的需要,确保所有交易数据不遗失。

数据通信与传输由专业的通信骨干网提供的网络平台实现,清分系统与非地铁第三方公司清算系统、银行系统通过专线建立起数据链路,保证数据信息的传输。

（3）数据存储备份及恢复

1）数据存储备份

数据存储备份主要分3个层次:

①物理存储级备份,通过存储设备完成,对主机系统相对透明,主要用于数据物理备份。

②系统的文件级备份,主要通过主机操作系统完成,主要有系统文件、数据文件和程序文件等备份。

③业务应用级备份,由应用系统(数据库系统)提供的备份方式,主要针对数据库中的数据进行备份。

数据备份方式主要有3种:

①全备份,指全面备份整体全部数据对象。

②增量备份,指对上次全备份或增量备份的增量数据进行备份。

③全备份与增量备份的组合备份。

2）数据恢复

数据恢复根据相应备份策略进行。如操作系统、数据库和应用系统程序需要恢复时,获取最近的可用全备份数据与增量备份数据,将操作系统、数据库和应用系统程序恢复至上次备份时状态。

（4）数据批处理

由于轨道交通清分中心的交易量巨大,同时还会进行各种交易的当日匹配及历史匹配,为避免交易的集中处理所带来的压力瓶颈,必须尽量采用并行技术及多批次清分技术,来达到清分中心高效、可靠、配置灵活、可管理的运行目标。

轨道交通的清分处理主要包括对各线路中央系统上送的售票交易、消费交易、对交易记录进行的清分处理、文件生成、报表生成以及对应用数据的备份清理等几个方面。

用于清分处理的交易数据由联机交换平台接收并装载入库,由于交易数据其数据量非常大通常采用批处理的机制。为提高清分批处理子系统的整体性能,考虑将清分批处理子系统中对性能要求特别严格的数据清分过程拆分为"预处理"与"交易清分"2个步骤。其中预处理包括交易记录的合法性检查与交易日志数据的"分离"(即交易日志解析),其处理数据来源是由联机交换平台生成的交易日志,其处理结果是:轨道交通专用票线路内部消费交易、轨道交通专用票跨线路交易、轨道交通专用票异常交易(进出站不匹配)、非地铁第三方公司消费交易、非地铁第三方公司充资交易、非法或可疑交易(如 TAC 验证出错等)。这些被"分离"的交易数据分别存储,且不包含交易日志中某些对清分业务无意义的数据字段。

对于预处理后的后续交易记录处理,可针对各类数据的不同要求设计不同的处理模块,并行处理。这种方式带来了以下优点:

①经分离后,后续最为耗时的交易记录处理过程被拆分为不同模块并行运行,提高了处理性能。同时,模块化处理也利于未来业务的扩展。

②经分离为 2 个步骤后,2 个步骤可同时运行,形成了应用的流水线处理方式,提高了处理性能。

③分离后,交易记录处理的数据库表的数据量规模大大减少,这对特大数据量系统的数据库访问性能的改善具有十分重要的意义。

(5)数据安全

数据安全可大致分为数据传输安全和数据存储安全。

1)传输安全

系统中数据传输安全仅考虑清分系统与线路中央系统以及非地铁第三方公司系统(如一卡通公司、清算银行、行业监管机构)之间在数据传输过程中,如何保证数据的完整性和对敏感数据的保护。

清分系统建立在专用网(包括连接线路中央系统的专用内部网 Intranet 和连接外部机构的专用外部网 Extranet)上,网络上的有关机构之间具备基本的相互信任,是一个"强可管理网络",因此清分系统的传输安全要求可以不高。

2)存储安全

存储在服务器及工作站中的系统数据(操作系统、应用程序等)、数据库系统中的数据(交易数据)及移动存储介质或磁带中的数据可能存在如下安全隐患:

①各种计算机病毒;

②误操作造成数据库中数据损坏或丢失;

③数据库数据的非法访问;

④移动存储介质损坏或被盗。

任务 8.4 清分规则及主要算法原理

8.4.1 清分规则

票务收入将由清分系统或人工按照指定的方式和策略进行清分,并统一分配至所有线路。

(1)清分方式
票务收入的清分方式一般包括以下 3 种:

1)站站清分

站站清分是指按照清分系统当前版站站清分比例对线网 OD 消费收入进行清分,并分配至各线路的方式。

2)线线清分

线线清分是指按照清分系统当前版本线线清分比例(人工协议清分比例)对线网单边销售(即有销售而无消费)或其他收入进行清分,并分配至各线路的方式。

3)分配至当前线路

分配至当前线路是指将消费/补票收入直接分配至当前车站所在线路的方式。

(2)清分策略
票务收入的清分策略包括以下两种:

1)按销售清分

按销售清分是指按销售交易直接清分,即销售一次性清分。

2)按消费清分

按消费清分是指按消费交易逐笔清分,即消费一次清分一次。

(3)清分规则
结合以上内容,以国内某地铁各种票卡收入的清分规则为例,见表 8-3。

表 8-3 各种票卡收入清分规则

票卡类型	票卡收入				清分规则
	收入类型	收入形式	收入产生渠道/设备	收入产生场景	
单程票	销售	金额	AFC 系统/TVM、BOM	正常购票	按照销售—消费进行匹配,匹配后清分方式: 1)销售—消费匹配成功,站站清分 2)单消费,站站清分 3)单销售,线线清分
	消费	金额	AFC 系统/AGM	正常出站	
	补票	金额	AFC 系统/BOM	异常出站、超程、超时	1)异常出站:补进站,站站清分 2)超程、超时:分配至当前线路

续表

票卡类型	票卡收入				清分规则
	收入类型	收入形式	收入产生渠道/设备	收入产生场景	
计次票	销售	金额	人工	正常购票	在 AFC 系统内无销售交易,清分方式: 1)单消费,站站清分 2)单销售,未清分
	消费	次数	AFC 系统/AGM	正常出站	
	补票	次数、金额	AFC 系统/BOM	异常出站、超时	1)异常出站:补进站、补出站,站站清分 2)超时:分配至当前线路
日票	销售	金额	人工	正常购票	在 AFC 系统内无销售交易,清分方式: 1)单消费,站站清分 2)单销售,未清分
	消费	次数	AFC 系统/AGM	正常出站	
	补票	次数、金额	AFC 系统/BOM	异常出站、超时	1)异常出站:补进站、补出站,站站清分 2)超时:分配至当前线路
一卡通	消费	金额	AFC 系统/AGM	正常出站	站站清分
	补票	金额	AFC 系统/BOM	异常出站、超时	1)异常出站:补进站、补出站,站站清分 2)超时:分配至当前线路
电子地铁卡	消费	金额	支付宝/AGM	出站(包括乘车超时出站)	站站清分
	消费	金额	支付宝/AGM	单边进/出站	站站清分
	补票	金额	支付宝/BOM	异常进/出站	1)异常出站:单进站、单出站,站站清分 2)超时:站站清分

对于无票乘车、票卡损坏等行为的罚款按照线线清分比例进行清分。

8.4.2 清分算法

清分算法是在换乘交易清分过程中使用的票款分配方法,它决定了将一次乘客乘车所收取的票款按怎样的分配比例分配给参与提供运输服务的多条线路的运营商。常见清分算法包括以下 5 种。

（1）最短时间算法

最短时间清分算法是指 OD 站点乘车路径按照旅行时间最短作为判断有效路径的唯一条件计算清分比例,按照比例清分收益的方法。其实现方式是根据各 OD 站点不同路径旅行时间的长短,选择旅行时间最短的路径作为有效路径,按该有效路径中各线路提供的服务量计算生成的清分比例。

1）算法计算步骤与流程（图 8-12）

最短时间清分算法的主要步骤如下:

①搜索任意 OD 站点之间的合法路径(满足一定条件);

②筛选有效路径;

③计算此 OD 站点之间各条线路收益分配比例;

④生成线网清分比例表。

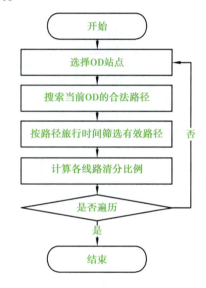

图 8-12　最短旅行时间清分算法流程图

2）算法图例

如图 8-13 所示,黑实线箭头表示该清分规则下的乘车路径。

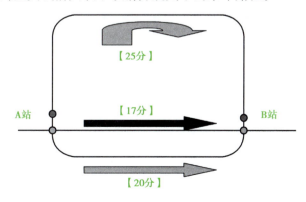

图 8-13　最短时间清分规则

(2)最小乘距算法

最短旅行距离清分算法是指 OD 站点乘车路径按照旅行距离最短作为判断有效路径的唯一条件计算清分比例,按照比例清分收益的方法。其实现方式是根据各 OD 站点不同路径旅行距离的长短,选择旅行距离最短的路径作为有效路径,按该有效路径中各线路提供的服务量计算生成的清分比例。

1)算法计算步骤与流程(图 8-14)

最短旅行距离清分算法的主要步骤如下:

①搜索任意 OD 站点之间的合法路径(满足一定条件);

②筛选有效路径;

③计算此 OD 站点之间各条线路收益分配比例;

④生成线网清分比例表。

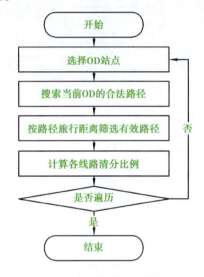

图 8-14　最短旅行距离清分算法流程图

2)算法图例

如图 8-15 所示,黑实线箭头表示该清分规则下的乘车路径。

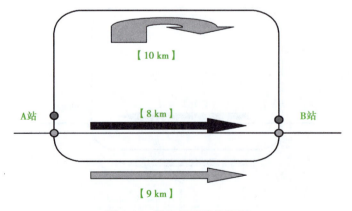

图 8-15　最短乘距清分规则

(3)最少换乘次数算法

最少换乘次数清分算法是指 OD 站点乘车路径按照换乘次数最少作为判断有效路径的唯一条件计算清分比例,按照比例清分收益的方法。其实现方式是根据各 OD 站点不同路径换乘次数多少,选择换乘次数最少的路径作为有效路径,按该有效路径中各线路提供的服务量计算生成的清分比例。

1)算法计算步骤与流程(图 8-16)

最少换乘次数清分算法的主要步骤如下:

①搜索任意 OD 站点之间的合法路径(满足一定条件);

②筛选有效路径;

③计算此 OD 站点之间各条线路收益分配比例;

④生成线网清分比例表。

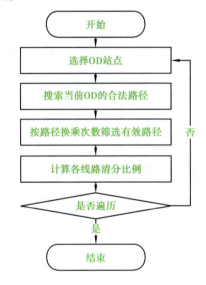

图 8-16 最少换乘次数清分算法流程图

2)算法图例

如图 8-17 所示,黑实线箭头表示该清分规则下的乘车路径。

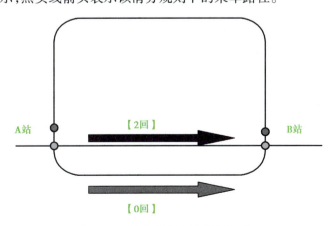

图 8-17 最少换乘次数清分规则

(4)最低车费算法

最低车费算法是指 OD 站点乘车路径按照乘车费用最少作为判断有效路径的唯一条件计算清分比例,按照比例清分收益的方法。其实现方式是根据各 OD 站点不同乘车费用,选择费用最低的路径作为有效路径,按该有效路径中各线路提供的服务量计算生成的清分比例。

1)算法计算步骤与流程

最低车费清分算法的主要步骤如下:

①搜索任意 OD 站点之间的合法路径(满足一定条件);

②筛选有效路径;

③计算此 OD 站点之间各条线路收益分配比例;

④生成线网清分比例表。

2)算法图例

如图 8-18 所示,黑实线箭头表示该清分规则下的乘车路径。

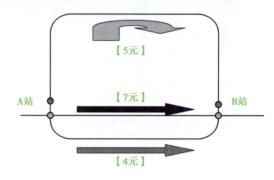

图 8-18　最低车费清分规则

(5)优选路径算法

优选路径算法是以上 4 种规则的优化组合。按照以上 4 种规则的权重,对符合规则的路径进行重新计算,权值最高者为最优乘车路径。优选路径算法相对于前几种算法,更加符合城市轨道交通行业清分实际要求,目前也被各城市广泛应用。

目前,全国各城市对优选路径算法的实际应用规则大同小异,以下以国内某城市一种优选路径算法——多路径概率算法为例,进行详细讲解。

1)算法描述

某市多路径概率清分算法是按照 OD 站点有效乘车路径被选择的概率和每条线路提供的服务量来清分交易收益。其实现方式是根据各 OD 站点不同乘车路径被选择的概率不同,按被选择概率量化各线路提供的服务量,生成对应的清分比例。

2)算法计算步骤与流程

多路径概率清分算法的主要步骤如下:

①搜索任意 OD 站点之间的合法路径(满足一定条件);

②计算每条合法路径的路径代价；

③筛选有效路径；

④计算各有效路径被选择的概率；

⑤量化各有效路径上各线路提供的服务量（站数）；

⑥计算此 OD 站点之间各条线路收益分配比例；

⑦生成线网清分比例表。

以上步骤①采用启发式搜索算法进行路径搜索获得所有合法路径；步骤②中路径代价即路径乘车代价，其与乘车时间和路径吸引度密切相关；步骤③按照筛选条件去除无效路径，保存有效路径；步骤④求各路径的被选择概率，次概率与路径代价成反比；步骤⑦循环计算所有 OD 站点的清分比例。

多路径概率算法流程图如图 8-19 所示。

3）算法的计算结果

按照多路径概率算法计算线网 OD 站点的清分比例结果，包括了此 OD 站点提供有效服务的所有线路。计算结果示例见表8-4。

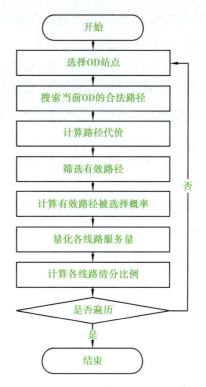

图 8-19　多路径概率清分算法流程图

表 8-4　清分算法计算结果示例

进站车站	出站车站	清分比例/%			
		运营商 1	运营商 2	…	运营商 N
O 站	D 站	25.63	59.25	…	6.5
…	…	…	…	…	…

任务 8.5　多元化支付平台核心技术

8.5.1　发码技术

采用支付宝、微信等互联网二维码接入时，需要具备双离线（手机离线和车站 AFC 终端设备离线)二维码技术来生成支付二维码,同时采用非对称密钥以及结合服务器时间,保证信息不可伪造。

双密钥机制主要内容为,先针对个人生成一对非对称密钥[PKeypub,PKeypri],使用支付宝、微信等互联网公司私钥对用户公钥 PKeypub(含有效时间、账户、额度等因素),加密生成 EKey,再将用户非对称秘钥[PKeypub,PKeypri]和 EKey 都下发到手机钱包中。

生成二维码时,将支付授权信息 Auth(如账号、时间、额度、授权等)使用 PKeypri 加密得到 Enc,再将 EKey+Enc 生成二维码。

解密时,AFC 车站设备的二维码读取机首先使用支付宝、微信的公钥解密 EKey,得到 PKeypub,并验证 PKeypub 的有效性,再使用 PKeypub 对 Enc 进行解密,对所带的授权信息 Auth 进行验证(包括时间、额度、行业等),决定是否接受消费,如图 8-20 所示。

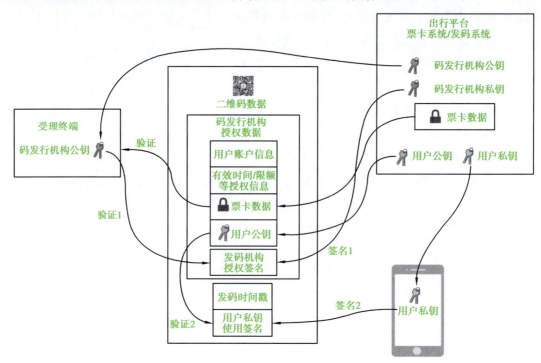

图 8-20　二维码验证流程图

手机端通过二维码生成安全机制,使用用户公钥和用户私钥生成二维码,受理终端(闸机)提取二维码中包含的信息,使用预下载到闸机上的公钥对二维码数据进行解密,从而保障交易的安全性。

生成二维码时,使用从服务器获取的用户私钥和用户公钥对数据进行加密。用户手机端定时进行用户公钥和用户私钥的更新,如图 8-21 所示。

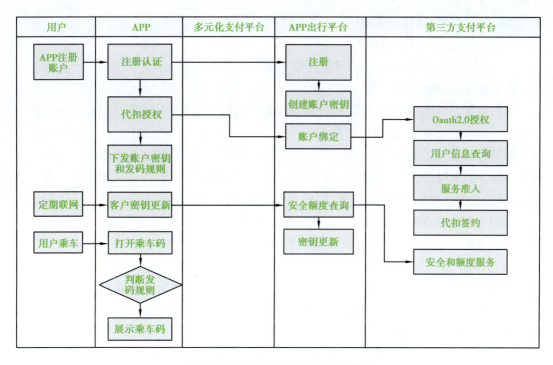

图 8-21　双离线二维码生成流程图

出入闸机受理及扣费流程如图 8-22 所示。

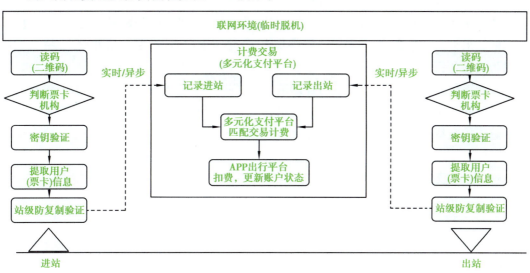

图 8-22　出入闸机受理及扣费流程图

8.5.2　防复制技术

为防止同一用户的二维码重复使用,采用两种技术控制措施,即主控手机验证以及 AFC 线网防复制验证。以某地铁机制为例进行说明:

①防复制对码、对账户生效。

②相同码在线网只能使用 1 次。

③相同账户在当站 10 min 内只能使用 1 次。

(1) 闸机本机验证

用户使用二维码过闸,二维码扫码器读取到数据后,将数据上传到工控机程序。程序首先进行用户交易验证,即验证用户是否在规定的时间内,在本机进行过交易,此规定时间一般可考虑设置为乘客完成"本通道进站→马上出站→再次通过本通道进站"的时间,如 10 min。如果用户在本通道的交易与上一次交易间隔时间不足 10 min,则在第二次交易时,提示用户非法操作,到票亭处理,并且不记录该交易。

如用户在本通道的交易与上一次交易的时间间隔超过了 10 min,或者在本通道不存在上一次交易,则进行下一步验证,即线网防复制验证。

(2) 线网防复制验证

用户的二维码过闸交易通过本机验证后,需要再进行线网防复制验证,验证过程为:闸机使用从二维码中提取到的用户账户信息,向线网防复制服务器提起查询请求。线网防复制服务器的判断规则:

①使用的二维码是否有已使用记录,如有,返回交易非法。

②验证用户在规定时间如 10 min 内,是否在本站有与本次交易同类型的交易存在,存在返回交易非法,不存在返回交易合法。

③如果在 100 ms 内,服务器返回了查询结果,根据返回结果判断是否允许用户过闸。如返回结果为交易非法,则提示用户操作非法,不允许用户通过,不记录此次交易;如返回结果为交易合法,则允许用户通过,记录此次交易并上传到防复制服务器。

④如果服务器 100 ms 内未返回查询结果,则判断用户在本站规定的时间内,没有与本次交易相同的交易类型,允许用户通过交易,并记录交易信息,上传到线网防复制服务器。

总体的交易判断流程如图 8-23 所示。

8.5.3 融对技术

(1) 交易融对

按照正常的流程和逻辑,用户产生的进站交易会先于出站交易上传到多元化支付平台,多元化支付平台可将收到的进站交易进行数据化存储。出站交易上传到多元化支付平台后,平台将立即使用收到的出站数据,与进站数据进行匹配融对,如果融对成功,则根据消费票价规则向二维码后台提起扣费请求。如果当时融对未成功,则在当日运营结束后,再对该交易进行融对处理。

如当日运营结束,进站交易未能成功融对,按照单边交易既定费率处理扣费。

对于融对成功的数据,同时也需判断乘车时间是否存在超时等特殊票务事件,针对这些事件根据票价参数表、特殊事件扣款费率计算交易产生的费用,向二维码后台发起扣费通知。

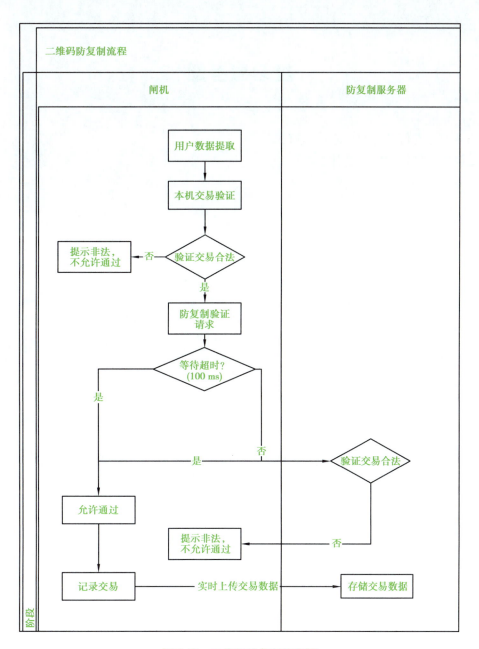

图 8-23　二维码防复制流程图

（2）单边交易处理

当日运营结束后，进站交易或者出站交易未能成功融对，则全部按照单边交易进行处理。根据用户使用协议约定，对用户按照先前制定的费率进行票款扣除。

复习思考题

1.多元化支付平台的核心技术有哪些?
2.单边交易处理指的是什么?